『晋界』讲坛文集

（2018—2019）

山西博物院/编

山西出版传媒集团·三晋出版社

《“晋界”讲坛文集》系列丛书

编委会

本册图书编委会

序言

自战国秦汉时期开始，游牧区与农耕区之间以长城为主体的防卫系统被称为“北边”，长城的修建，始于冲突，却终于融合。在历史的长河中，从防御工事到中原文化交通体系构建与扩展，从边地战争到化干戈为玉帛，长城两边皆是故乡。山西地处黄河中游，北通塞外草原，南临中原腹地，处于农耕文明与游牧文明交汇的前沿地带。汉唐之间，这里始终是多民族、多文化交融的“大熔炉”，异域文化、艺术、宗教思想在此大放异彩。

长城是中华民族的代表性符号和中华文明的重要象征，在历史的长河中造就了中华民族多元一体的格局。山西拥有丰厚的长城文化遗产，2018年，配合“碰撞·融合——长城文化展”，“晋界”讲坛推出第五期“长城内外”主题讲座，邀请著名专家学者从古代长城的概况、交通格局、防御体系等方面讲述“长城故事”，深入探讨了长城的历史意义与现代价值，从军事防御到文化交流，从历史记忆到现实影响，长城不仅是一道物理的边界，更是民族精神的体现和文化融合的桥梁。2019年“晋界”讲坛第六期以“晋魂”基本陈列“民族熔炉”展厅为主题，以山西地区重要考古发现，链接北朝历史、美术考古、丝绸之路、中西交流、民族汇聚等热点，多角度诠释山西作为多民族交往、交流、交融的历史地位。

本次“晋界”讲坛文集的出版，是继2019年《“晋界”讲坛文集（2016—2017）》“文明摇篮”“晋国霸业”主题结集出版后的姊妹篇，是持续推进“晋界”讲坛从公共教育项目向学术成果转化的重要努力。在此，我向所有“晋界”讲坛的专家学者、支持者表示衷心的感谢。正是有了他们的智慧与付出，山西博物院才能更好地讲好发生在山西这片古老而神秘土地上的长城故事、讲好民族交融的故事。

我们期待，通过对“晋界”讲坛这一品牌公众教育项目的持续深耕，实现博物馆和公众的双向奔赴。愿“晋界”讲坛继续作为连接文物、文明、博物馆和未来的桥梁，让更多的博物馆观众在探索与学习中，理解文化的多样性和包容性，感受历史的魅力。

王晓毅

2025年6月

目录

长城内外

民族熔炉

碰撞·融合

COLLISION AND FUSION

— 长城文化展 —

THE GREAT WALL CULTURE EXHIBITION

主办：山西博物院　内蒙古博物院
　　　甘肃省博物馆　辽宁省博物馆

展期：2018.9.29 - 2019.1.1

长城内外

上下两千年，纵横十万里。

作为中国历史上最气势磅礴的人工建设工程，长城自然而然成了游牧文化和农耕文化的分界线。游牧社会和农耕社会各有其面貌，并在历史上有过多种形式的交流、融合，从而也造就了中华民族多元一体的格局。山西地处中原腹地的前沿地带，自秦汉到隋唐时期，一直是北方民族与中原文化交往的要冲所在。两种不同经济发展模式的政权及文化之间，无论是通婚和亲、友好相处，还是金戈铁马、你征我伐，都在山西境内留下了诸多历史的印记。

“晋界”讲坛“长城内外”系列讲座配合《碰撞·融合——长城文化展》的系列活动，为您讲述更加精彩的“长城故事”。

主讲人 / 王子今

长城与
秦汉“北边”交通格局

主讲人 / 王子今
中国人民大学国学院教授

长城作为非常重要的国防工程，在中原地区的北部边界和游牧地区形成具有隔离作用的重要建筑设施。战国秦汉时期称游牧区与农耕区之间以长城为主体的防卫系统为“北边”，它与长城线形成了一个一致的区划界线。“北边”防务体系的构成包括交通设施，应当注意的是，长城作为军事体系发生效能的同时，其交通体系的作用也得以显示。

长城因工程、防卫、出击的需要，建设有完备的交通条件。长城与直道及多条南北道路构成的交通系统的作用是显著的。农耕民族与草原游牧射猎民族的“关市”交易以及匈奴南侵往往“攻当路塞”的历史记录证实了这一情形。长城向河西、辽东的延伸，便利了中原文化向更广阔区域的扩展，而丝绸之路的历史、长城的交通作用也需要我们重新加以重视。

一、秦汉长城防务

战国时期，燕国、赵国、秦国都曾经修筑过长城，它的主要功能是抵御北边的草原民族南下。《史记》卷四三《赵世家》记载：“（赵肃侯）

十七年……筑长城。”有人认为“盖从云中以北至代”指的就是山西北边的这一段，这是最早有关战国长城的记录。

战国时期，在山西和内蒙古交界的地带形成了秦汉长城、赵北长城、魏国长城等几段长城。秦的长城在今天陕北一带，是秦昭襄王时代修筑的。秦昭襄王时代就是近年大家关注的大型历史题材剧《芈月传》里面描述的历史。剧中宣太后本来是一位楚国来的女子，嫁到了秦国，后来主持秦政大概有三十多年。秦昭襄王在位五十六年，他执政的很长一段时间都是他和他母亲宣太后合作执政。在这个时期，秦修筑了长城。

在秦统一以后，蒙恬在秦始皇的指令下，修筑了新的长城。贾谊的《过秦论》对蒙恬的这一功绩及秦始皇时代这样一项突出的政治行为有过表述：“使蒙恬北筑长城而守藩篱，却匈奴七百余里。”向北推扩的进程是明确的。

在讨论秦统一的历史的时候，我们以前熟悉的说法是灭掉了六国，即谓“六王毕，四海一”，但如果用更客观的眼光来看秦统一过程的话，则不仅仅是灭掉了六国，还向南、北两个方向进行了扩张，统治区域超过了战国时期七国所控制的地方。《史记》卷六《秦始皇本纪》载：“三十三年……西北斥逐匈奴。自榆中并河以东，属之阴山，以为四十四县，城河上为塞。又使蒙恬渡河取高阙、陶山、北假中，筑亭障以逐戎人。徙谪，实之初县……三十四年，适治狱吏不直者，筑长城及南越地。”《史记》卷六《秦始皇本纪》载贾谊《过秦论》：“使蒙恬北筑长城而守藩篱，却匈奴七百余里，胡人不敢南下而牧马，士不敢弯弓而报怨。”到了西汉时期，修筑长城又有了变化，特别是向西北方向进行推进。

二、“北边”的文化地理定义

“北边”是一个军事地理的概念，也是一个政治地理的概念，涉及中原王朝和域外的外交关系和军事关系，同时又有文化地理的意义。

秦汉帝国实现了规模空前的统一，秦的统一规模已经超越了战国时期中原文化所控制的地方。在西汉初期，中央王朝曾和若干个诸侯国共同控制国土，到了文景时代，基于削藩的建议，实施了初步的政治行动。在汉武帝时代，一个新的统一的局面出现了。当时边疆问题比较复杂，边疆的民族关系也比较复杂，政治地理语汇中出现的所谓“西边”“南边”“北边”等说法，指的就是边疆地方。当时，和羌人作战的地方称为“西边”，和南越关系紧张的时候称为“南边”，但出现最频繁的是“北边”。

秦汉历史文献中关于“北边”的记载：

《史记》卷六《秦始皇本纪》：“始皇巡北边，从上郡入。”

《史记》卷二八《封禅书》说汉武帝行迹：“上乃遂去，并海上，北至碣石，巡自辽西，历北边至九原。五月，反至甘泉。”

《史记》卷三〇《平准书》载“于是天子北至朔方，东到太山，巡海上，并北边以归。”又记载“匈奴数侵盗北边”，汉武帝感慨“北边未安，朕甚悼之”。

《史记》卷九九《刘敬叔孙通列传》：“冒顿为单于，兵强，控弦三十万，数苦北边。”

《史记》卷一二二《酷吏列传》：“孝文帝欲事匈奴，北边萧然苦兵矣。”

《汉书》卷六《武帝纪》：“（后元元年）二月，诏曰：‘朕郊见上帝，巡于北边，见群鹤留止，以不罗罔，靡所获献。荐于泰畤，光景并见。其赦天下。’”

“北边”是秦汉历史文献中频繁出现的一个词语，它指的就是长城防线。“北边”的说法很可能在战国时期就因北方诸国和匈奴的战争关系而出现。《史记》卷八一《廉颇蔺相如列传》里记载：“李牧者，赵之北边良将也。常居代雁门，备匈奴。”李牧在山西的北部地方抗击匈奴，成为一时名将，他驻守的就是长城防线。这里所谓“北边”，也可能只是汉代史家使用当时词汇记述以往的历史，很可能战国人不这么说，而西汉人却已经形成这样一个确定的说法，到了秦汉时代，“北边”的概念已经确定被人们使用了。西汉时期的“北边”最东边已经延伸进入朝鲜半岛的北部。汉武帝曾攻伐朝鲜并在此设四郡，将其纳入中央王朝直接管理，因而当时的长城也伸入了朝鲜境内。秦始皇“巡北边”，汉武帝“历北边”，汉武帝的诏书说“北边未安，朕甚悼之”，“北边”的局势是中央王朝时刻瞩目的一个方向。

“北边”的说法是作为整体的区域代号使用的，见于《汉书》卷二七下之上《五行志第七下之上》：“绥和二年九月丙辰，地震，自京师至北边郡国三十余坏城郭，凡杀四百一十五人。”北边郡国是一个清晰的政治地理定义，史书里有明确记载。纸作为书写材料还没有发明和普及之前，汉代保留下来最多的是写在竹片或木片上的简牍文字。在居延遗址出土的汉简上，发现了很多的文字资料。居延汉简里所说的张掖郡，现在属于内蒙古额济纳旗管理，在这个地方有汉代著名的边塞遗址。汉简上出现的“北边郡”，就是长城沿线的郡。“北边郡”与“内郡”形成对应关系，居延汉简（E.P.T52：15）记载：“狠田以铁器为本北边郡毋铁官印器内郡令郡以时博卖予细民毋令豪富吏民得多取贩卖细民。”

西汉时期的北边，据说有二十二个郡。值得注意的是，西河郡狭长纵深行政区域的设置，是为了抗击北边入侵。西河郡十分特别，一部分区域在今天的山西，一部分区域在今天的陕西，它是历史上很少见的、跨黄河而治的郡。山西和陕西长期以来以黄河为界，但是在这个时期，西河郡是跨黄河两边来行使行政权力、进行行政管理的，这也说明这个时期涉渡黄河的条件是比较容易的。

三、“天下苦其劳”：“北边”经营导致的军事交通压力

刘邦作为一个成功的帝王，在灭掉秦王朝之后，又战胜了项羽的军事集团，建立了西汉王朝。西汉在建国之初分封了七个异姓诸侯王，他们

主要控制东方地区，而西汉王朝中央政府只控制了西部地区。北边的云中郡、雁门郡、代郡由中央政府管理，而东边的上谷郡、渔阳郡、右北平郡、辽东郡、辽西郡等均由诸侯国控制。汉初，汉王朝和匈奴作战时，因军事力量差距大，只能通过和亲的方式求得暂时的和平。从行政区划的分布来看，汉王朝的中央政府很难和匈奴进行直接的战略对抗，因为长城防线上东段地区不是由汉王朝直接控制的，而是由诸侯王所控制。后来刘邦和吕后合作，除掉了异姓诸侯王，又分封了若干刘姓诸侯王，即便如此，中央政府对“北边”的控制仍然是有限的。汉景帝时代，吴楚七国之乱发生了，战争持续了三个月。七国之乱被平定以后，中央政府控制了沿海地区很多重要的据点，收回了控制权，面对匈奴的“北边”地方都由中央政府控制，这一形势的变化非常重要。到了汉武帝时代，就有实力可以主动用兵进行自卫反击，也可以和匈奴进行大规模的战争。

汉武帝时代，汉文化有突破四境扩张的趋势。在汉民族的立场上称述，当时人有“四夷服”“四夷尽服”的自豪。《史记》卷二四《乐书》：“歌诗曰：‘天马来兮从西极，经万里兮归有德。承灵威兮降外国，涉流沙兮四夷服。’”内蒙古包头召湾出土汉瓦当上面有“四夷尽服”的文字（图一）。汉王朝主动性的扩张取得了成功，使得汉文化有效地向各个方向传播，而且汉王朝外长城、多道长城也是和成功的扩张联系在一起的。此外，汉代出土的“单于天降”瓦当、“中国大宁”铜镜、“五星出东方利中国”织锦护膊（图二）等文物都是汉文化传播的重要物证。

司马迁在《史记》卷三〇《平准书》讲国家财政形势时有这样一段分析：“严助、朱买臣等招来东瓯，事两越，江淮之间萧然烦费矣。唐蒙、司马相如开路西南夷，凿山通道千余里，以广巴蜀，巴蜀之民罢焉。彭吴贾灭朝鲜，置沧海之郡，则燕齐之间靡然发动。及王恢设谋马邑，匈奴绝和亲，侵扰北边，兵连而不解，天下苦其劳，而干戈日滋。”可以看出，汉武帝时代的“北边”经营，不

图一 “四夷尽服”瓦当及拓片

仅仅如汉文帝“事匈奴”时所谓“北边萧然苦兵矣”，也不是汉武帝“事两越，江淮之间萧然烦费矣”“开路西南夷”“巴蜀之民罢焉”“灭朝鲜”“燕齐之间靡然发动”这样的局部地方的疲敝，而是“天下苦其劳”，需要全天下的老百姓承受经济和劳役的压力。这说明“北边”形势是十分重要的，这里的战事牵动全局，对全国、全社会都产生了全面的影响。

在长城防线上发生的战事对全国有密切牵连的记录从秦代开始就有，如《汉书》卷二七下之上《五行志第七下之上》记载：“秦大用民力转输，起负海至北边，天下叛之。”秦人和匈奴作战，蒙恬击败了匈奴后，在这里设置了四十四个新的县，但是动员老百姓要从沿海地区运送军粮至“北边”地区，造成了非常沉重的经济负担，最终导致了农民暴动。在《汉书》卷九四下《匈奴传第六四下》里同样有记载：“秦始皇不忍小耻而轻民力，筑

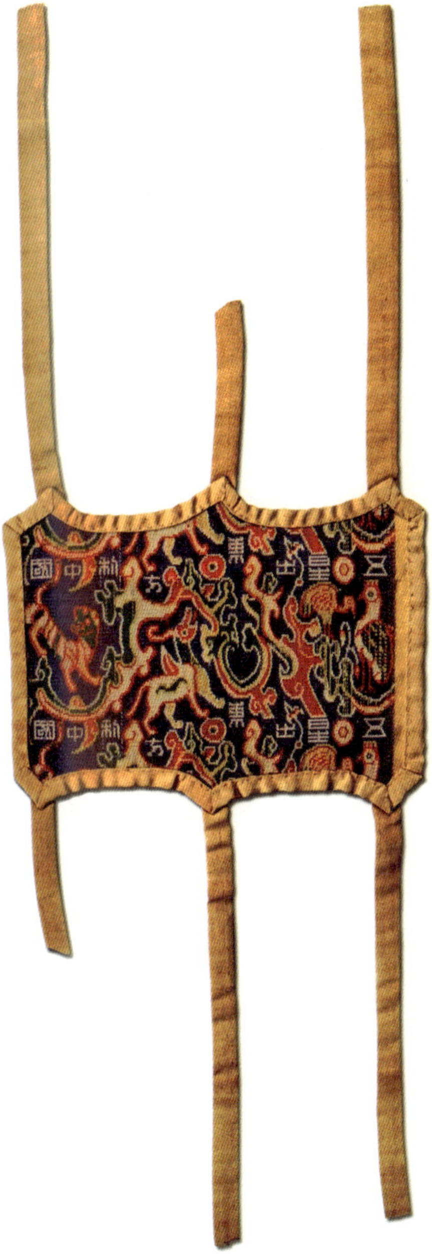

图二 “五星出东方利中国”
织锦护膊

长城之固，延袤万里，转输之行，起于负海，疆境既完，中国内竭，以丧社稷，是为无策。”

现在，很多和匈奴作战相关的历史遗存被保留了下来，如霍去病墓前马踏匈奴石刻、汉代石刻画像“骑射图”、胡汉战争图等。

在秦始皇和汉武帝这两位比较有作为的古代帝王执政的时代，“北边”长城防线的建设得到了非常完备的经营。从内蒙古境内的汉长城可以看出，这两道长城就是通过军事情况的变化，在北边修筑一道长城，再向北推进，再修筑一道长城，它的西段已经到达今天的国境之外，进入今蒙古国境内。从内蒙古固阳秦汉长城可以看出，这一时期的长城是用石块堆积起来的，对匈奴骑兵的阻挡应当还是很有效的。

四、长城与“北边道”

除了防御功能外，长城还有作为交通系统的功能。秦汉时期，有一条非常重要的道路，被称作“北边道”，它就是沿着长城防线形成的道路。

参考谭其骧先生主编的《中国历史地图集》中“北边”中段的防线，并州刺史部、朔方刺史部中很长一段在今天山西省北部。赵长城是战国时期较早修筑的“北边”工程。《史记》卷四三《赵世家》记载：“（赵惠文王元年）主父欲令子主治国，而身胡服将士大夫西北略胡地，而欲从云中、九原直南袭秦，于是诈自为使者入秦……三年，灭中山，迁其王于肤施。起灵寿，北地方从，代道大通。还归，行赏。” 不过数年之间，赵国实际最高执政者竟然频繁往复在北边活动，所谓“北地方从，代道大通”者，说明当时赵长城防区已经开通条件良好的交通道路。赵武灵王策划从云中、九原南袭秦，说明这条道路的通行条件可能已较赵国从南路击秦国更为便利。可见，在长城最初发挥防卫作用的同时，北边道路也已初步开通。

秦始皇时期，赵国、秦国、燕国的长城被联系起来。史书记载，蒙恬带着三十万大军，在这里施工十余年的时间。《史记》卷一五《六国年表》：“［秦始皇三十三年（前214）］筑长城河上，蒙恬将三十万。”《史记》卷八八《蒙恬列传》：“秦已并天下，乃使蒙恬将三十万众北逐戎狄，收河南。筑长城，因地形，用制险塞，起临洮，至辽东，延袤万余里。于是渡河，据阳山，逶蛇而北。暴师于外十余年。”

西汉时，司马迁和汉武帝巡行的时候走过“北边”。司马迁亲自考察这一段长城后曾感叹说：“蒙恬所为秦筑长城亭障，堑山堙谷，通直道，固轻百姓力矣。”《淮南子·人间训》载：“因发卒五十万，使蒙公、杨翁子将筑长城，西属流沙，北击辽水，东结朝鲜。中国内郡，挽车而饷之。”所谓“三十万”“五十万”者，仅指卒而言，即军人，此外还有犯错的官员、平民、罪犯（徒）等，据张维华《中国长城建置考（上编）》估计，长城工程劳役用工“总在伍士兵及戍卒与罪谪计之，当不下数百万人”。

姑且不考虑施工时木、石等建筑材料的运输及工程人员来往的需要，仅“中国内郡挽车而饷之”的施工人员的口粮，以100万人计，每年至少需3000万石口粮。据秦汉运输车辆装载粮食的一般定额（每车二十五斛）计算，转运这些粮食，每年就需要运输车辆120万辆次。施工人员分布长城沿线，连绵数千里，为其输运给养以保证施工必然要求沿线交通道路的畅通。甘肃武威雷台汉墓出土的青铜车辆模型内还发现谷物遗存，车辆的运载方式是直接散装，比较先进，可以降低装卸成本。与之同时出土的青铜车队中，还有一辆运输粮食的牛车。

固阳秦汉长城部分段落经修复后进行了旅游开发。这是按当时山岭上长城的形式修复的，左侧即山崖，城上本身就形成了道路。秦汉长城很多地段都是和现在的道路并行的。先秦的兵书里提到的“环涂”是指城防结构中的环城道路。在同样的军事防御设计思想指导下，长城许多地段应当也有城内和城外的道路。长城本身也是一种交通设施，而为了便于防守，便于军队调动、集结，必然要形成比较好的交通条件。

长城作为军事防御设施也必然要以交通道路作为辅助结构。自春秋晚期起，车战作为主要作战方式走向衰落，但在秦汉之际，兵车在战争中仍发挥一定的作用。秦始皇陵兵马俑军阵表现为以兵车为主、步骑为辅的形式。秦末及汉匈战争中仍有车战。《史记》卷四八《陈涉世家》记载，起义军攻陈时，有车六七百乘，周文至关，有车千乘。《史记》卷一〇《孝文本纪》说，汉文帝十四年（前166），匈奴入边为寇，文帝发“车千乘，骑卒十万”往击匈奴。直到汉武帝时代，卫青、霍去病与匈奴战塞北，曾“令武刚车自环为营”（《史记》卷一一一《卫将军骠骑列传》）。李陵困于匈奴围中，也曾经“军居两山间，以大车为营”（《汉书》卷五四《李广传》）。秦及西汉前期，长城沿线巡边防卫及出击，都当有兵车队列，大队兵车的通行必然要求交通道路的平整和畅通。

秦汉长城防御体系由北边道连贯为一体。史书中可以看到中央政府派员沿这条道路巡行北部边防的记载。例如，汉武帝后元二年（前87）左将军上官桀巡行北边（《汉书》卷七《昭帝纪》）；新莽始建国三年（11）“遣尚书大夫赵并使劳北边”；天凤元年（14）“谏大夫如普行边兵”（《汉书》卷九九中《王莽传中》）等。

史籍中关于秦汉时代北边道路通行状况最明确的说明，莫过于关于帝王亲自循北边巡行的记载。

《史记》卷六《秦始皇本纪》记载，二十七年（前220），“始皇巡陇西、北地，出鸡头山，过回中”，陇西郡正在当时长城线的西端。秦始皇三十二年（前215），东临渤海边，“刻碣石门”，又“巡北边，从上郡入”，大致经行了北边道路的大段。秦始皇三十七年（前210），出巡途中病故沙丘平台，李斯、赵高秘不发丧，棺载车中，“从井陉抵九原”而后归，并不急于回归咸阳控制统治中枢，特意绕行北边，说明这次出巡的既定路线是巡行北边后由直道返回咸阳。完全循行秦始皇生前规划的路线，意在稳定政局，有计划、有步骤地除去公子扶苏等人，充分表现出李斯、赵高等谋略的缜密。

汉武帝元鼎五年（前112），曾由雍“至陇西，西登崆峒”（《史记》卷二八《封禅书》），元封元年（前110），武帝“行自云阳，北历上郡、西河、五原，出长城，北登单于台，至朔方，临北河”，巡察了北边道西段。同年，又北“至碣石，自辽西历北边九原，归于甘泉”，巡察了北边道的东段及中段。元封四年（前107），武帝“通回中道，遂北出萧关，历独鹿、鸣泽，自代而还”（《汉书》卷六《武帝纪》）。司马迁在《史记》卷八八《蒙恬列传》中说“吾适北边，自直道归，行观蒙恬所为秦筑长城亭障”，可能也是跟随汉武帝出行的经历。

帝王出巡，常常随行大队车骑，如《续汉书·舆服志上》所谓“乘舆大驾”“属车八十一乘，备千乘万骑”。秦始皇、汉武帝皆曾巡行北边，北边道自当有可适应帝王乘舆通过的规模。皇帝出行，“郡国皆豫治道”（《汉书》卷二四下《食货志下》）。《盐铁论·散不足》也说到帝王出巡时，“数幸之郡县，富人以资佐，贫者筑道旁”。秦始皇、汉武帝巡行北边，必然会促进北边交通道路的建设。“当空道便处禀食”（地湾汉简86EDT8：14A）应即于临近大道的便利地方禀食。地湾汉简“当空道”文字与《史记》卷一二三《大宛列传》及《汉书》卷六一《张骞传》“当空道”表述形式完全相同，可知符合汉代通行的语言习惯。

置是汉代的邮驿机关，主要用来招待使团，为他们提供饮食与短暂的休憩。悬泉置遗址出土简册说明汉代丝绸之路交通与长城防线是基本一致的。秦汉交通道路多为土质路面，遇雨雪则难以通行，平时也需要经常养护、维修。北边道路的建设和养护曾经受到充分的重视。居延汉简中有这样的内容“开通道路毋有章处□（E.P.T65：173）”。可见修筑道路保证其畅通并使其不出现障碍，也是长城防务人员的重要职责之一。又如“□□□车马中央未合廿步溜漉不可行（E.P.T65：230）”，说明了对北边道路雨后养护的严格要求。通过“中央”“廿步”等字样，也可以推想北边道干线的规模。又如甘谷汉简中说到“有警，□〔吏〕□〔民〕运给军粮”之外，尚需缴纳所谓“道桥钱”，甚至刘氏宗室也不能幸免，致使“役使不得安土业”。由此可见，为保证北边道路的通达所调发的劳役，竟然成为当地居民的沉重负担。

五、繁荣“北边”的经济动脉

长城内外，以关市贸易为主要形式的经济交往，扩大了畜牧文化和农耕文化的相互影响，而汉帝国的文化强势，也得以借助经济实力影响了草原地区。西汉中期，即有西域商人活跃于北边的史实记录。如陈连庆所说：“在中西交通开通之后，西域贾胡迅即登场。” 以敦煌汉简为例，所见乌孙人（88、90、1906）、车师人（88）、“……知何国胡”（698）等，未可排除其是来自西域的商人的可能。《后汉书》卷八八《西域传》载：“西域风土之载，前古未闻也。汉世张骞怀致远之略，班超奋封侯之志，终能立功西遐，羁服外域。自兵威之所肃服，财赂之所怀诱，莫不献方奇，纳爱质，露顶肘行，东向而朝天子。故设戊己之官，分任其事；建都护之帅，总领其权。先驯则赏籝金而赐龟绶，后服则系头颡而衅北阙。立屯田于膏腴之野，列邮置于要害之路。驰命走驿，不绝于时月；商胡贩客，日款于塞下。”考古出土的和林格尔汉墓壁画中可以看到牧马及车骑往来、经济繁荣的画面。

由于北边地区经济的进步与塞外游牧民族贸易的发展，当地商业繁盛一时，北边道又成为全国交通网中繁忙的商路。居延汉简中可见有关“贾车”的内容：

日食时贾车出

日东中时□过 甲附14B

《后汉书》卷九〇《乌桓传》记载，汉顺帝阳嘉四年（135）冬，乌桓侵扰云中，“遮截道上商贾牛车千余两”。北边道不仅是一条服务于军事的道路，同时它对于经济的发展也有非常积极的作用。

武威郡位于汉王朝河西四郡的最东部，郡治为姑臧，它在长城防线上曾经非常繁荣。此地经济形势的繁荣，可以通过历史人物孔奋的事迹窥见一二："时天下扰乱，唯河西独安，而姑臧称为富邑，通货羌胡，市日四合，每居县者，不盈数月辄致丰积。奋在职四年，财产无所增。"所谓"市日四合"，李贤注："古者为市，一日三合。《周礼》曰：'大市日侧而市，百族为主。朝时而市，商贾为主。夕时而市，贩夫贩妇为主。'今既人货殷繁，故一日四合也。"《孔奋传》还写道："事母孝谨，虽为俭约，奉养极求珍膳。躬率妻子，同甘菜茹。时天下未定，士多不修节操，而奋力行清洁，为众人所笑，或以为身处脂膏，不能以自润，徒益苦辛耳……陇蜀既平，河西守令咸被征召，财货连毂，弥竟川泽。唯奋无资，单车就路。姑臧吏民及羌胡更相谓曰：'孔君清廉仁贤，举县蒙恩，如何今去，不共报德！'遂相赋敛牛马器物千万以上，追送数百里。奋谢之而已，一无所受。"

所谓"通货羌胡，市日四合""姑臧吏民及羌胡""遂相赋敛牛马器物千万以上，追送数百里"，都可以说明"羌胡"受益于姑臧市场的情形。

考察相关历史文化现象，也应当关注来自西域、曾经与汉人及"胡羌"均有过交往的"商胡""贾胡"在河西地方的活跃表现。《盐铁论·力耕》载大夫言已经说到"异物内流"情形："汝汉之金，纤微之贡，所以诱外国而钓羌胡之宝也。夫中国一端之缦，得匈奴累金之物，而损敌国之用。是以骡驴馲驼，衔尾入塞，驒騱騵马，尽为我畜。鼲貂狐貉，采旃文罽，充于内府。而璧玉、珊瑚、琉璃，咸为国之宝。是则外国之物内流，而利不外泄也。异物内流则国用饶，利不外泄则民用给矣。《诗》曰：'百室盈止，妇子宁止。'" 丝绸之路上中原织品外输所换取的，除了"骡驴馲驼""驒騱騵马"进入中原，成为生产动力和运输动力之外，"鼲貂狐貉，采旃文罽，充于内府"也是"外国之物内流"的大宗。"羌胡"之"骡驴"与"中国"之"牛马"，"羌胡"之"鼲貂旃罽"与"中国"之"锦绨"，形成对照。很可能在丝绸之路上，正是"锦绨"与"旃罽"作为产地各在东西、品质亦显著不同的商品，经历辗转历程实现了交换。"采旃文罽"作为丝绸之路东输的织品，是草原民族的创造。考察丝绸之路的历史文化意义时，于丝绸贸易之外，不应忽视毛织品西来的重要史实。

《后汉书》卷八八《西域传》记“大秦国”事，说到纺织技术：“刺金缕绣，织成金缕罽、杂色绫。”其中所谓“金缕罽”应是中原人对于来自西边的新奇织品的感觉，未必真的是罗马帝国产品。

其实，草原毛织品进入中原民族的生活，绝不仅仅限于“充于内府”。史籍可见“罽”出现于中原社会民间消费生活的例证。《说文·糸部》：“罽，西胡毳布也。”段玉裁注：“毳者，兽细毛也。用织为布，是曰罽，亦假罽为之。”班固《与弟超书》说西域方向贸易，言及毛织品的输入：“窦侍中令载杂彩七百匹，市月氏马、苏合香。窦侍中前寄人钱八十万，市得杂罽十余张也。月支毾大小相杂但细好而已。今赍白素三百匹欲以市月支马、苏合香、闟登。”可知中原人对“罽”“毾”“闟登”等毛织品的需求。曹植《辩道论》写道：“（甘始）又言：‘诸梁时，西域胡来献香、罽、腰带、割玉刀，时悔不取也。’”大概“罽”能够传入中原，“西域胡”的活动曾经发挥了重要作用。马圈湾烽燧遗址发掘出土毛织品13件，品种有罽、褐、缂毛带、毡垫、毡靴等。有图案非常精美的方格罽1件，又有晕繝罽1件，花部依次由黄向蓝变化，呈晕色效果。这是目前我国发现最早的一件晕繝毛织物，它对唐代晕繝锦的产生，无疑有过重大影响。又有红罽2件、深红罽2件、莲紫罽1件、黄罽1件、青褐斑罽1件。

河西长城防线烽燧遗址出土的麻织品可能多来自中原地区，而毛织品，特别是质量较高的毛织品不能排除来自西域地方的可能。河西汉塞的毛织品遗存可能经由匈奴传入，活跃的西域商人曾经或许也直接促成了这种商品在丝绸之路沿途市场的流通。贝格曼的考古报告中也有许多关于毛织品发现的记录。

关于香、罽还有一个小故事。《后汉书》卷五一《李恂传》：“复征拜谒者，使持节领西域副校尉。西域殷富，多珍宝，诸国侍子及督使贾胡数遗恂奴婢、宛马、金银、香、罽之属，一无所受。”“贾胡”身份，应是西域商人，所谓“贾胡数遗”“奴婢、宛马、金银、香、罽之属”，应是一种贿赂行为，也许这种行为曲折体现了匈奴占领时期特殊经济形式的历史惯性。

六、“当路塞”与直道

长城防御体系构成的交通格局使得长城一万一千多里路的宏大国防建筑工程的各区之间能够建立联系，同时还有内外的联系。此外，匈奴人发动进攻时，有攻“当路塞”的作战习惯。《史记》卷一一〇《匈奴列传》：“匈奴绝和亲，攻当路塞，往往入盗于汉边，不可胜数。”当路塞，司马贞《索隐》：“苏林云：‘直当道之塞。’”所谓“当路塞”“直当道之塞”，应当就是扼守北向草原大漠交通道路的城塞。长城防线守卫的要点，也是北边道与塞外交通联系的交点。从已经勘察的几处遗址看，这样的当路塞往往利用险要的地形来构筑较密集的军事建筑群。匈奴侵扰，大都由此入边，汉军远征塞外，也多由此出发。

北边道交通体系中有联系内地的道路。《汉书》卷六《武帝纪》载，汉武帝元光五年（前130）夏，“发卒万人治雁门阻险”。颜师古注：“所以为固，用止匈奴之寇。”刘攽曰：“予谓治阻险者，通道令平易，以便伐匈奴耳。”张维华认为：“师古与刘之说俱可从。武帝之初，汉仍以雁门东西之地为内边，缮而治之，亦可以巩固边防。然武帝欲用兵匈奴，雁门为必通之路，修治之使令平易，亦属当然之事。此二事可同时为之，不必拘于一隅之说。”联系北边道与内地交通的最著名的大道是秦始皇直道。直道由九原南行一千八百里至咸阳。秦代经营的交通大道多为对战国原有道路进行修整沟通，唯此直道是在秦统一后规划施工的高质量的南北大通道。现在可见的直道遗迹，许多路段往往宽达数十米，与内地关中地区驰道的规格相同。

七、长城交通：运输规模与运输效率

这一部分我们还是列举一些文献来进行了解。居延汉简里体现河西地方、长城防务的可见简文："凡五十八两用钱七万九千七百一十四钱不就☐（505.20）。"僦是一次运输费用的总结。汉代雇佣私车的运输费用一般是"僦一里一钱""转钱""就钱（僦钱）"。此处运输车队用58辆车，一次支付僦费近8万钱，可见运量之大与运程之远。简文中又可见"☐输居延尽二月"（119.50）。如果"尽二月"是指运行历时达二月，则可以说明军粮往往自远道运输而来。秦汉史籍中多见"千里负担馈粮""万里运粮"的记载。《盐铁论·徭役》中说，当时转运往往"近者数千里，远者过万里，历二期"，往返历时可达二年。

居延汉简中还多见"车父"称谓。"车父"可能是以用私车完成远程运输作为劳役内容的服役者。"车父"可知明确原籍者有南阳、魏郡、淮阳、梁国等地。汉简研究大家劳干先生在《论汉代之陆运与水运》一文中说"运输之车运至塞上者，且远自梁国魏郡诸境""今据汉简之文，山东之车率以若干车编为车队，行数千里，转运之难，大略可想"。居延简文可见"☐右新阳第一车十人"（515.16）。新阳县有二，一在东海郡，一在汝南郡，当属长途运车。车序前标示县名的简例，又有"馆陶第一车"（81.1）、"馆陶邑第一车"（311.13）、"叶第一车"（E.P.T59：323）、"冠军第二车"（180.8）、"贝丘第四车"（428.2A）、"贝丘第五车""贝丘第十一车"（24.6）、"元城第八车"（311.30）、"宅第廿车"（24.6）。所标记的县名，分别属于魏郡、南阳郡、清河郡。

居延汉简中有：☐二百七十五两输居延、☐三十六两输他☐（32.18A），☐九十四两输居延、☐七十两输他（32.18B）。这或许是河西边防局部地区内部运输的记录。虽然这几件简前面的内容已经看不清，但“二百七十五”这个数字已经让我们感受到了车队数量的可观。又如“□有二千两车在居延北汝往当见车”（E.P.F22：449），可见“居延北”这一地点的转运行为的规模相当之大，运输工作相当繁忙。敦煌马圈湾出土汉简载：“官属数十人持校尉印绂三十驴五百匹驱驴士五十人之蜀名曰劳庸部校以下城中莫敢道外事次孙不知将（981）。”简文描述了50名“驱驴士”带领500头驴从敦煌出发，经过青海地区向南到达蜀地的事件，这条材料也告诉我们丝绸之路是有支线的。目前可知，在河西地区发现有蜀地产出的“蜀锦”“蜀布”。广汉郡出产“巴东布”，在河西地区有用巴东布给士兵制作军服并发放的记录。广汉郡的布料是如何运到河西地区的？通过这一条材料，我们可以知道，羌人活动的区域有非常有效率的运输行为。敦煌汉简所见“驱驴士”“之蜀”简文，除了反映“驴”的引进导致运输方式的进步以外，“驱驴”劳作与“驱驴士”称谓首次出现，对于认识古代交通史有重要意义，体现的有关社会职任的新鲜信息也值得分析。以“驴”为运输动力的由敦煌“之蜀”的交通线路的庞大规模，尤其值得关注。

八、“北边”交通格局与丝绸之路的走向

汤因比在《历史研究》中通过世界史视角的考察，指出草原交通条件的便利：“草原像‘未经耕犁的海洋’一样，它虽然不能为定居的人类提供居住条件，但是却比开垦了的土地为旅行和运输提供更大的方便。”他认为：“海洋和草原的这种相似之处可以从它们作为传播语言的工具的职能来说明。”大家都知道，航海的人们很容易把他们的语言传播到他们所居住的海洋周围的四岸上去。古代的希腊航海家们曾经一度把希腊语变成地中海全部沿岸地区的流行语言。马来亚的勇敢的航海家们把他们的马来语传播到西至马达加斯加东至菲律宾的广大地方。在太平洋上，从斐济群岛到复活节岛、从新西兰到夏威

夷，几乎到处都使用一样的波利尼西亚语言，虽然从波利尼西亚人的独木舟在隔离这些岛屿的广大洋面上定期航行的时候到现在已经过去了许多世代了。此外，由于“英国人统治了海洋”，在近年来英语也就变成世界流行的语言了。汤因比说：“在草原的周围，也有散布着同样语言的现象。由于草原上游牧民族的传布，在今天还有四种这样的语言：柏柏尔语、阿拉伯语、土耳其语和印欧语。”这几种语言的分布，都与“草原上游牧民族的传布”有密切关系。

汤因比指出：“柏柏尔语是今天撒哈拉沙漠上的游牧民族所使用的语言，也是撒哈拉沙漠北部和南部边缘一带的定居人民所使用的语言……阿拉伯语在今天不但通行在阿拉伯草原的北面一带，而且还通行在南面一带。土耳其语也传播在欧亚草原的许多边缘地区。印欧语系在今天（像它的名字所指的那样）很奇特地分散在两块彼此隔绝的地区里，一块在欧洲，一块在伊朗和印度……所以呈现这种现象，大概是因为在土耳其语的传播者还没有在这里定居下来之前，欧亚草原上的印欧语的传播者曾在这一带传播过这种语言。欧洲和伊朗都靠近欧亚草原，而这一大片无水的海洋便成了彼此之间交通的天然媒介。这一种语言的分布现状和上述三种语言的不同之处只在于它失去了它从前传播过的中间那一大片草原地方。”在“波利尼西亚人、爱斯基摩人和游牧民族”一节，汤因比也曾写道：“到处是野草和碎石的草原与可以耕种的大陆相比，倒不如说它和‘未经耕犁的海洋’（荷马常常使用的称呼）更为相近。草原的表面和海洋的表面有这样一个共同点，就是对人类的关系来说，人类到这里来或是为了朝拜圣迹，或是只能暂时地留住。除了岛屿和绿洲外，它们的广阔面积完全不能为人类提供定居生活的数据。它们对于旅行和交通运输来说都比人类社会所习惯定居的大地表面提供方便得多的条件……”

在东西文化交流史上确实可以看到这一情形。丝绸之路发生作用也有这样的条件，即“草原地方”作为“无水的海洋”成为不同文化体系“彼此之间交通的天然媒介”。从汤因比的表述看，他所说的其中有“绿洲”的“草原”“到处是野草和碎石”，或译作“表面是草地和沙砾的草原”，应当是包括荒漠戈壁的。回顾中国古史，确实可以看到北边的草原和东方的海域共同为交通提供了便利条件。中原文化与外界的沟通通道，一是北方的草原丝绸之路，一是东边到南边的海上丝绸之路，二者正好都是利用了汤因比所说的两种便利于交通的地理条件。这也使得我们在回顾、深化对丝绸之路史研究的时候，要关注丝绸之路的生态条件、环境条件和交通条件。而沿长城线形成的“北边”交通格局，在很多路段是以对草原交通条件的利用为基础的，“北边”丝绸之路的开通是多民族合作的结果，在这个过程中，草原民族也付出了相当的努力。另外，秦汉时期南北向沿海道路被称作“并海道”或“傍海道”，这条道路在辽东、辽西地区与“北边”道是重合的，二者共同构成了秦汉时期对外交通大格局。

主讲人 / 赵 杰

北齐天保七年长城位置考

——兼论北齐天保年间的北部疆界

主讲人 / 赵　杰

山西大学考古文博学院副教授

内容摘要： 北齐天保七年（556）西河总秦戍至海长城，包括了天保三年（552）黄栌岭至社干戍长城和天保六年（555）幽州北夏口至恒州长城在内。本文结合今山西省北部长城遗存的分布，一方面从考证长城起止、经由地名位置着手，另一方面通过考察北齐与北方柔然等民族发生战争的所在地，对当时的北齐北部疆界做出了推断，从而确证了天保七年长城的位置与走向，即南起于今吕梁市离石区东南、汾阳市西北的黄栌岭（或西河总秦戍），沿吕梁山向北至今五寨县境的社干戍，继在山西省北部向东北沿恒山山脉延伸至广灵县入河北省，至今北京市昌平区南口镇的夏口，再向东延伸至山海关附近。长城的修建是北齐北部边防建设和疆域拓展的重要基础。

关键词： 北齐；天保七年长城；北部疆界

北魏孝昌离乱后，柔然、突厥、契丹、库莫奚等势力南进。北齐立国时，仍然面临这些势力的侵扰。为此天保年间（550—559）曾四筑长城，分别是天保三年（552）的黄栌岭至社干戍长城、天保六年（555）的幽州北夏口至恒州长城、天保七年（556）以前的西河总秦戍至海长城，以及天保八年（557）的库洛拔至坞纥戍重城。由于没有明确的史料依据，库洛拔至坞纥戍这段重城的位置与走向难以确定。天保三年、六年所筑的长城通常被认为是天保七年长城的组成部分，天保七年长城横贯北齐整个北疆，惜只知它们的起讫地点，且这些地点本身所在仍存争议。近年来的全国长城资源调查工作为辨析北齐长城位置提供了重要的田野资料。李鸿宾先生指出“长城地带处于内外交汇处……它以中间缓冲区之相貌展现，成为中原、草原二者的过渡环节”，“王朝国家”的疆界是“诸王朝相互交织的缓冲地”[1]。关于疆界“缓冲地”性质的论述，为我们通过考察北齐与柔然等势力发生战争的所在地来判断北齐这个“王朝国家”的北部疆界及长城位置所在，提供了理论依据。

一、天保三年的黄栌岭至社干戍长城

《北齐书·文宣帝纪》载：“［天保三年（552）］九月辛卯，帝自并州幸离石。冬十月乙未，至黄栌岭，仍起长城，北至社干戍四百余里，立三十六戍。”[2]《北史》[3]和《资治通鉴》[4]有相似记载，唯将“社干戍”之“干”字或作“于”“平”等字。

（一）黄栌岭和社干戍的位置

黄栌岭，也称黄芦岭，明清在此设关置戍。《嘉庆重修一统志·汾州府》山川条载：“黄栌岭，在汾阳县西北六十里，接永宁州界。”关隘条载：“黄芦岭关，在汾阳县西六十里，置关岭上，凭高为险。明宣德中（1426—1435）置巡司，本朝乾隆二十一年（1756）裁。”[5]今吕梁市离石区吴城镇黄芦沟村东南有黄芦岭，地处离石区东南约41千米、汾阳市西北约22千米，与上述“汾阳县西北六十里，接永宁州界”大致吻合[6]。《北齐书·斛律金传》载，东魏武定三年（545），高欢“出军袭山胡，分为二道。以金为南道军司，由黄栌岭出。高祖自出北道，度赤拱岭，会金于乌突戍，合击破之”[7]。这段文字指出了黄栌岭与乌突戍的位置关系，黄栌岭应大致在乌突戍的南方。乌突戍，在今临县白文镇郝峪塔村[8]，正位于上指黄栌岭位置的西北方向，与此记载相合。

《读史方舆纪要·山西四》汾州府永宁州黄栌岭条载："社平……盖在今朔州之废武州界。"[9]武州，在今五寨县小河头镇大武洲村，城址仍存[10]。《读史方舆纪要·山西六》大同府朔州武州城条载："武州城，州西百五十里，南去岢岚州百十里。"[11]今大武洲村在朔州市西南约60千米、岢岚县东北约45千米，与"武州城"记载大致吻合[12]。如此社干戍当在今五寨县境。

艾冲认为黄栌岭在今吕梁市离石区西北40千米处，社干戍在今五寨县附近。长城从今吕梁市离石区西北40千米处，向北偏东经方山县、临县、岚县、岢岚县，抵五寨县北部[13]。艾冲所说黄栌岭的位置源自顾祖禹《读史方舆纪要》。该书《山西四》汾州府永宁州黄栌岭条载："黄栌岭，在州西北八十里……又《斛律金传》'黄栌岭在乌突戍东'，盖与今临县接界。亦作'黄芦岭'，今为戍守要地。"[14]顾氏说黄栌岭"在州西北八十里"之"州"指永宁州（今吕梁市离石区），并由此得出"与今临县接界"之说。黄栌岭若在永宁州西北、与临县交界之处，那么应位于乌突戍之西南，这与他自己所说的"黄栌岭在乌突戍东"相矛盾。故"在州西北八十里"之"州"应指汾州府而言，"八十里"疑为"六十里"之讹。至于"盖与今临县接界"应只是顾氏据黄栌岭在永宁州西北八十里得出的错误看法而已。

同时艾冲又据前引《北齐书·文宣帝纪》"立三十六戍"之后"十二月壬子，帝还宫。戊午，帝如晋阳"句[15]，描述出高洋这次修筑长城所走的路线：九月从并州（今太原市）至离石（今吕梁市离石区），十月至黄栌岭开始修筑长城，十二月返回离石行宫，几天后回到晋阳（今太原市）。依照这样的路线，艾冲认为高洋"途中并未在汾阳停顿"，因此否定了黄栌岭在今汾阳市西北的观点。事实上《文宣帝纪》这段文字中的"宫"，有可能指天池或祁连池（今宁武县中部的马营海子）附近的行宫。天池或祁连池是高氏政权活动的重要地点，东魏天平四年（537）六月，高欢在天池“获瑞石，隐起成文曰：‘六王三川’”；北齐天保六年（555），高洋北讨柔然时集军于祁连池；天保九年（558）六月，高洋北巡至祁连池；武平七年（576）十月，后主高纬大狩于祁连池[16]。以后隋大业四年（608），隋炀帝诏于天池营建汾阳宫[17]。因此很有可能北齐时在天池也修筑有行宫。如此再来看一下高洋的行动路线：九月辛卯从并州至离石，四天后的十月乙未到黄栌岭开始修筑长城。长城往北修到了今五寨县境的社干戍，高洋也到了社干戍附近。长城完工后，高洋于十二月壬子到达天池行宫，此时距长城开工已过去了七十七天。高洋在此稍事休息，六天后返回晋阳。这样的路线更符合文献所载，因此并不能成为否定黄栌岭在今汾阳市西北的证据。

综上所述，黄栌岭在今吕梁市离石区东南吴城镇黄芦沟村黄芦岭，社干戍在今五寨县境，长城从南向北沿吕梁山延伸，经离石区、方山县、岚县、岢岚县，至五寨县境。这段长城长400余里，按北齐一里约等于540.9米计算[18]，长度在220千米以上，而从今离石区黄芦岭到五寨县直线距离约180千米，与记载长度大致吻合。

（二）天保三年黄栌岭至社干戍长城的修筑背景

关于天保三年黄栌岭至社干戍长城修筑的背景，有认为是防范柔然和山胡的进犯[19]，或只是针对山胡的[20]，有认为其防御对象是黄河西岸的西魏[21]，还有认为是防御西魏和山胡的[22]。依据这段长城的位置所在，笔者以为针对山胡的可能性最大。

据《北史·稽胡传》载，稽胡（即山胡）主要活动于“离石以西、安定以东”的山谷之间，“凶悍恃险，数为寇”[23]。东魏时，高欢曾数次平定汾州、晋州的山胡叛乱[24]。进入北齐后，山胡依然威胁着北齐政府。为了防范山胡的进攻，并为以后扫平山胡叛乱作战争准备，高洋主持修建了这段长城。这段长城的作用很快便发挥出来。第二年，即天保四年（553）正月山胡围攻离石，在高洋亲征还未到离石时，山胡已经纷纷逃窜[25]，长城起到了威慑的作用。天保五年（554）正月，高洋发动了大规模讨伐山胡的战争。他本人从离石道、斛律金从显州道、高演从晋州道，掎角夹攻，大破山胡，斩首数万，获杂畜十余万，“于是远近山胡莫不慑服”[26]。此后北齐境内山胡再无叛乱之事。

至于是否与西魏有关，一方面在天保三年（552）以前，北齐与西魏之间战事有限，且主要集中在今山西省南部和河南省一带[27]；另一方面黄栌岭、社干戍及吕梁山一线，西距黄河较远，有七八十千米。因此，与防御西魏似无多大关系。

二、天保六年的幽州北夏口至恒州长城

北齐天保六年（555），高洋动员180万人修筑了从幽州北夏口至恒州的长城。在修筑这段长城之前，高洋曾于天保五年（554）十二月巡视达速岭准备起建长城。《北齐书·文宣帝纪》载，天保五年“十二月庚申，帝北巡至达速岭，览山川险要，将起长城”。天保六年“是年，发夫一百八十万人筑长城，自幽州北夏口至恒州九百余里”[28]。

这段长城的监筑者是高叡。《北齐书·高叡传》载，天保六年（555）“诏叡领山东兵数万监筑长城。于时盛夏六月，叡在途中”[29]。《资治通鉴·梁纪二十》载：“［绍泰元年（555）］六月，庚戌朔，齐发民一百八十万筑长城，自幽州夏口西至恒州九百余里，命定州刺史赵郡王（高）叡将兵监之。”[30]可见这次长城修筑，不仅动用了大量的人力，达180万，而且监筑的士兵也达到了数万。为保障此役的顺利进行，北齐政府还将寡妇配与军士。《北史·齐本纪中·显祖文宣帝纪》载：“（天保六年三月）是月，发寡妇以配军士筑长城。”“是岁……诏发夫一百八十万人筑城，自幽州北夏口，西至恒州，九百余里。”[31]这是北魏、东魏、北齐以来有记载的动用人力最多的一次长城之役。关于这段长城的位置与走向，所涉地名主要有幽州、夏口、恒州及达速岭等。

（一）幽州与夏口

北魏至北齐时，幽州治蓟城，在今北京市西南[32]。

《水经注·湿余水》载："湿余水出上谷居庸关东……其水南流出关，谓之下口。"[33]胡三省认为"夏口"即"下口"之讹。胡氏在上引《资治通鉴》文字后对"幽州夏口"注曰："幽州夏口，盖即居庸下口也。幽州军都县西北有居庸关。湿余水出上谷沮阳县之东，南流出关，谓之下口。'夏'当作'下'。"[34]《读史方舆纪要·北直一》居庸关条指出居庸关有北口和南口，其南口也称为"下口"，即《北齐书》中的"夏口"[35]。"夏口"或"下口"位于居庸关的南口，今北京市昌平区南口镇正位于居庸关关隘的南口，当即"夏口"或"下口"，它在幽州治所蓟城的北方，合"幽州北夏口"一语。谭其骧《中国历史地图集》北朝《齐》图中，就将下口标示在今北京市南口镇附近[36]。艾冲则认为夏口在今北京市密云区古北口。他指出北齐政府在长城筑就后于此置库推戍，而"库推，后音转为虎北（口），再音谐为古北，即今古北口"[37]。此说未言及"夏口"与"库推戍"的关系，说服力不强。

（二）恒州与达速岭

《魏书·地形志上》恒州条载："恒州，天兴中（398—404）置司州，治代都平城，太和中（477—499）改。孝昌中（525—527）陷，天平二年（535）置，寄治肆州秀容郡城。"[38]

《元和郡县图志·河东道三》云州条载："孝文帝迁都洛邑，改置恒州。孝昌之际，乱离尤甚，恒、代之北，尽为邱墟，高齐文宣帝天保七年（556）置恒安镇，徙豪杰三千家以实之，今名东州城。其年废镇，又置恒州。周武平齐，州郡并废，又于其所置恒安镇，属朔州。"[39]

这两段文字记载了北朝诸代恒州的变迁。北魏孝文帝迁洛后将原司州的一部分改置为恒州，孝昌年间由于战乱废弃。东魏天平二年于肆州秀容郡侨置恒州。北齐天保七年于旧平城置恒安镇，当年又废镇复置恒州。北周灭齐后，恒州废置，重设恒安镇。由于北齐恒州位于东魏恒州之北，所以也称为北恒州[40]。可见北魏迁都后至孝昌年间、北齐天保七年重置恒州至北周灭齐时，恒州均治平城，即今山西省大同市。由于未顾及北齐是在天保七年才重置恒州，很多学者认为天保六年长城所涉恒州即此恒州[41]。但幽州北夏口至恒州长城修筑于天保六年（555），因此所涉恒州当指东魏于肆州秀容郡侨置之恒州。据《魏书·地形志上》肆州秀容郡条载，秀容郡置于永兴二年（410），郡治秀容县[42]，位于今山西省岚县县城南的古城村[43]。牟发松、毋有江等新著的《中国行政区划通史·十六国北朝卷》也指出这段长城所涉恒州系寄治于肆州秀容郡城的恒州，唯将其位置记为今山西省忻州市奇村镇[44]。实际要到隋开皇十年（590）秀容郡城才移治今山西省忻州市奇村镇[45]。

《读史方舆纪要·山西六》大同府大同县达速岭条载："达速岭，在府西北境。高齐天保五年（554）北巡至此，行视山川险要，将起长城。明年遂发民筑长城，自幽州西至恒州是也。"[46]艾冲据此指出达速岭为今山西省大同市西北、内蒙古自治区凉城县南境的山岭，并认为这段长城的西端即达速岭[47]。朱大渭也认为达速岭在今大同市西北[48]。

既然天保六年长城所涉恒州是位于今山西省岚县古城村的侨立恒州，那么达速岭当距此不远，应位于侨立恒州的北境。乾隆《宁武府志》记载达速岭在宁武、神池两县交界处。该志《山川·神池县》载："黄华岭，一名摩天岭，高齐之世所称达速岭也。中峰高四十丈，周蟠七十余里，上盖有长城旧迹。云其东南绵界宁武，西北蹲乎神池者过三十里焉。"《山川·宁武县》载："黄华岭，在县北十三里大岭也！宁武、神池南北限焉，上有墩台、敌楼。"[49]此地当今宁武县与神池县交界的管涔山区，正在侨立恒州北境。谭其骧《中国历史地图集》北朝《齐》图将达速岭标示在今宁武县附近是合理的[50]。

综上可知，天保六年长城东起今北京市昌平区南口镇的居庸关南口，西至今山西省岚县以北。位于今宁武、神池两县交界处的黄华岭是长城途经的重要地点。

三、天保七年的西河总秦戍至海长城

《北齐书·文宣帝纪》载："[天保七年（556）十二月]先是，自西河总秦戍筑长城东至于海，前后所筑东西凡三千余里，率十里一戍，其要害置州镇，凡二十五所。"[51]因为明言"先是""前后"，因此多认为这里记述的天保七年西河总秦戍至海长城是包括以前修筑的长城在内，并再次进行了延伸。其中西河总秦戍位置的确定不仅能帮助我们确定天保七年长城的走向，而且对我们确定它是否利用前期长城或哪一期长城具有重要的意义。

（一）西河及总秦戍的位置

由于史籍中罕见总秦戍的记载，因此考证东魏、北齐时西河郡的位置和范围将有助于我们大致确定总秦戍的位置。

西河郡在《魏书·地形志上》中有两处记载[52]，汾州及西河郡条载："汾州，延和三年（434）为镇，太和十二年（488）置州。治蒲子城（今山西省隰县）。孝昌中（525—527）陷，移治西河。""西河郡，汉武帝置，晋乱罢。太和八年（484）复。治兹氏城。领县三：隰城、介休、永安。"[53]晋州西河郡条载："西河郡，旧汾州西河民，孝昌二年（526）为胡贼所破，遂居平阳界，还置郡。领县三：永安，孝昌中置，治白坑城；隰城，孝昌中置；介休，孝昌中置。"[54]据此可知，北魏时，西河郡置于太和八年（484），治隰城县，即汉兹氏县[55]（今山西省汾阳市）[56]，属汾州。孝昌年间（525—527），西河郡侨置平阳郡，治永安县（今山西省临汾市北）[57]，属晋州。与此同时，汾州也因战乱从蒲子城移治西河郡[58]。由于《魏书·地形志》是"录武定之世（543—550）以为志焉"[59]，因此在东魏时，汾州西河郡与晋州西河侨郡南北并立。

北齐时，汾州与西河郡是否发生变迁了呢？《隋书·地理志中》西河郡条载："西河郡，后魏置汾州，后齐置南朔州，后周改曰介州。"

龙泉郡条载："龙泉郡，后周置汾州。"[60]《元和郡县图志·河东道二》汾州条载："高齐又于此城置南朔州。周武帝（561—578）废南朔州，宣帝（578—579）于此置汾州。隋大业三年（607）废汾州，还于隰城县置西河郡。"[61]《太平寰宇记·河东道二》汾州条载："后魏于西河郡兼置汾州，取汾河为名。北齐又改为南朔州，后周改曰介州。隋初亦如之，大业中（605—618）废州，复为西河郡。"[62]以上几条记载中，《元和郡县图志》与《隋书》《太平寰宇记》之间有一些差别，主要是未记北周改置介州一事。王仲荦、刘纬毅、牟发松等梳理这些材料后指出，北魏、东魏时的汾州，到北齐时又置南朔州。北周灭齐后废南朔州，并改北齐汾州为介州，另于龙泉郡（治龙泉城，今山西省隰县）复置汾州。周宣帝时曾将介州改为汾州，因与龙泉城之汾州重复，旋即改回介州。入隋后，大业年间（605—618）废介州复为西河郡[63]。关于南朔州，施和金在《北齐地理志》中已经指明，北齐在汾州介休县侨立南朔州时，汾州与南朔州是并立的，"非改汾州为南朔州"，即汾州仍存，并未废置[64]。

据《隋书·地理志中》西河郡条载"隰城，旧置西河郡，开皇（581—600）初郡废，大业（605—618）初复"[65]，知西河郡延续至隋开皇（581—600）初方废，后又于大业年间（605—618）复郡，仍治隰城县。由此可见，北齐时汾州和西河郡仍旧位于北魏、东魏时所在。

综上可知东魏、北齐时西河郡有两处，即汾州西河郡和侨立于晋州的西河郡，前者郡治位于今山西省汾阳市，后者位于今临汾市北。两处西河郡的地域范围依据它们的领县大致可以确定。前引《魏书》已载明它们的领县，汾州西河郡辖隰城、介休、永安三县[66]，晋州西河郡为侨郡，所领隰城、介休、永安三县为随郡侨县。汾州西河郡所领三县，隰城县如上所述在今汾阳市，永安县在今灵石县东或孝义市，介休县在今介休市或介休市东南[67]。因此汾州西河郡的范围大致在今汾阳市、孝义市、介休市及灵石县一带。晋州西河郡及所领三县均寄治于平阳郡，侨置地点应位于同地，即今临汾市北附近[68]。这样，总秦戍的位置也只能在这两个范围内确定。

前述天保三年长城的起点黄栌岭，正位于今汾阳市西北。因而景爱认为很有可能西河总秦戍就是黄栌岭所在，或二者相距不远[69]。

至于"海"，当指山海关附近的渤海沿岸[70]。天保四年（553）十月，高洋大破契丹后，在返回时曾"登碣石山，临沧海"[71]。碣石山在今河北省昌黎县北，东北距山海关约60千米。

（二）天保七年长城的走向

因为明言"先是""前后"，所以天保七年西河总秦戍至海长城应包括以前修筑的长城在内。如上所述，西河总秦戍与黄栌岭或在同地，或相距不远，那么天保七年长城肯定是包括天保三年长城在内的。天保六年长城所涉的恒州是侨立于今山西省岚县古城村的恒州，而非以后在今大同市所置的北恒州。今五寨县境的社干戍和宁武、神池两县交界处的达速岭大致位于侨立恒州的北境，相距不远，天保三年与天保六年长城在社干戍附近相连是很有可能的。因而，天保七年长城当包括天保三年和天保六年长城在内，其走向大致南起于今吕梁市离石区东南、汾阳市西北的黄栌岭（或西河总秦戍），沿吕梁山向北延伸至今五寨县境的社干戍，在社干戍附近与天保六年长城相连。位于今宁武、神池两县交界处的管涔山区的达速岭是天保六年长城经过的一处重要地点，它与社干戍相距不远。天保六年长城的东端为今北京市昌平区南口镇的夏口，继而在天保七年由此向东兴修了延伸至山海关附近的一段长城，最终形成了西河总秦戍至海的长城。

根据2009—2011年全国早期长城资源调查工作的成果，天保六年长城在山西省境内的走向是西起今兴县北部的黄河东岸，向东北经岢岚县、五寨县、宁武县、原平市、代县、山阴县、应县、浑源县至广灵县，入河北省蔚县，大致呈西南—东北走向，宁武县以东部分沿恒山山脉延伸，以西部分则越过了吕梁山及其支脉芦芽山、管涔山、云中山等，正位于侨立恒州的北境[72]。天保三年长城仅在吕梁山沿线的方山县和五寨县发现部分遗迹。结合天保三年和天保六年长城的位置与走向，它们大致在今岢岚、五寨、宁武三县交界处相交，印证了上述天保三年和天保六年长城在社干戍附近相连的观点。从相交处向西至今兴县北部黄河东岸的段落，既有可能是天保六年（555）修筑、天保七年（556）利用，也有可能是天保七年新修的。

四、天保七年以前的北部疆界

北齐北邻柔然、突厥、契丹、库莫奚等势力，长城是他们之间的“疆界”，也是他们之间的“缓冲地”，相互间的战争自然也在“缓冲地”进行。如此，对天保七年（556）以前北齐与柔然等势力发生战争的所涉地名进行考证，既可检验长城位置判断准确与否，同时也将勾勒出北齐的北部疆界。

（一）大破库莫奚于代郡

天保三年（552）正月，高洋在代郡大破库莫奚，缴获大量俘虏与牲畜[73]。

代郡，据《魏书·地形志上》，属恒州，“孝昌中（525—527）陷，天平二年（535）置”，领平城、太平、武周和永固四县[74]。天平二年之代郡与恒州一样，均寄治于肆州秀容郡城[75]。很明显，“大破库莫奚”之代郡并非此侨立之代郡。

西汉在代县设代郡，北魏时不晚于太武帝神䴥三年（430）二月，亦在代县设代郡，属司州，领代、平舒二县。孝文帝迁洛后原司州大部改置恒州，立代郡等；原司州东部新立燕州，代县之代郡改属燕州，因位于恒州代郡以东，故又称东代郡。郡治代县，在今河北省蔚县暖泉镇西、山西省广灵县东北[76]。其后因为北魏末年的战乱，恒州代郡南迁，东代郡也废置而未再设了。恒州代郡南迁以前存置时间很短，高洋“大破库莫奚”之代郡应指代县之代郡或东代郡而言。

（二）北征契丹至营州

天保四年（553）九月至十月，高洋亲征契丹，“九月，契丹犯塞。壬午，帝北巡冀、定、幽、安，仍北讨契丹。冬十月丁酉，帝至平州，遂从西道趣长堑。诏司徒潘相乐率精骑五千自东道趣青山。辛丑，至白狼城。壬寅，经昌黎城。复诏安德王韩轨率精骑四千东趣，断契丹走路。癸卯，至阳师水，倍道兼行，掩袭契丹。甲辰，帝亲逾山岭，为士卒先，指麾奋击，大破之，虏获十万余口、杂畜数十万头。乐又于青山大破契丹别部。所虏生口皆分置诸州。是行也，帝露头袒膊，昼夜不息，行千余里，唯食肉饮水，壮气弥厉。丁未，至营州。丁巳，登碣石山，临沧海。十一月己未，帝自平州，遂如晋阳”[77]。

从这段记载可以看出，北齐时，营州（治和龙城，今辽宁省朝阳市）是契丹袭扰的主要地区。至于契丹的聚居地，据《魏书·契丹传》和《北史·契丹传》载，北魏时居于和龙（也称龙城，位于今辽宁省朝阳市，十六国时曾作过前燕、后燕和北燕的首都，北朝诸朝时也为营州治所在）以北数百里，后来在太和三年（479），由于畏惧柔然与高句丽的侵伐，首领勿于率其部落内附于北魏，“止于白狼水东”[78]。《水经注·大辽水》提到有白狼水、白狼城，白狼水为今大凌河之西段，其东段在《水经注》中称为渝水[79]。白狼城即北朝诸代营州建德郡所在，位于今辽宁省建昌县西北、喀喇沁左翼蒙古族自治县西南。白狼水东大致在今辽宁省西部，北朝诸代时为营州范围。因此北齐时，营州既是契丹的主要聚居地，也是北齐与契丹争夺的重要地区。位于营州之南的平州（治肥如城，今河北省迁安市境）就成了前方要地，高洋进攻时在平州布置东西两道攻略，回师时又经过了平州境内的碣石山[80]。

（三）安置柔然于马邑川

天保四年（553）十二月，突厥攻击柔然，柔然举国南奔。高洋将柔然安置于马邑川，新立庵罗辰为主。与此同时，高洋北讨突厥，追击至朔州，突厥请降。于是柔然“贡献相继”[81]。

施和金指出，北魏孝昌年间（525—527）在汉定襄郡故城（今内蒙古自治区和林格尔县西北）置朔州，东魏、北齐时朔州先寄治今山西省寿阳县，后移治于今介休市，亦称南朔州。北齐天保六年（555）又于新平城（今山西省怀仁市金沙滩镇安宿疃村东北约2千米的安宿疃城址）重置朔州，八年（557）移治马邑城（今山西省朔州市朔城区），此朔州亦称北朔州[82]。由此，高洋追突厥之朔州，肯定不是南朔州，也并非天保六年（555）以后新置的北朔州，只能是北魏置于今和林格尔县的朔州。

《水经注·漯水》载：“桑乾水自源东南流，右会马邑川水，水出马邑西川……其水东迳马邑县故城南。”[83]马邑川即今桑干河上游的恢河，位于今山西省宁武县北境和朔州市南境[84]。高洋先将柔然安置于今朔州市境的马邑川，再北上至今和林格尔县附近的朔州讨伐突厥。这样的路线合乎常理。同时，这个事实也说明，当时的马邑川一带应该属于边界地带，而北魏朔州则已属柔然、突厥等的势力范围了。

（四）大败柔然于黄瓜堆

天保五年（554）三月，柔然可汗庵罗辰反叛，高洋亲征，大破柔然，庵罗辰父子北逃。四月，柔然兵犯肆州。高洋亲征至恒州，柔然已散。还军时在黄瓜堆遭遇柔然突袭，高洋大败柔然，“伏尸二十里，获庵罗辰妻子及生口三万余人”。五月，高洋北击柔然，再次大破之。六月，柔然向东迁徙时欲南侵，高洋率军于金川堵截，柔然“闻而远遁”。天保六年（555）六月，高洋大举远征柔然。七月经白道，在怀朔、沃野大破柔然，俘获柔然贵族、平民等两万余人。在北齐和突厥的双重攻击下，当年柔然覆灭[85]。

东魏北齐时，肆州治九原，在今山西省忻州市忻府区[86]，该州北界位于今雁门关一带[87]。恒州据前所述，显非侨治于肆州秀容郡之恒州，而北齐北恒州又设立于天保七年（556），因此天保五年的这处恒州只能是指北魏孝文帝迁洛后于平城所置之恒州而言的。今山西省怀仁市西南与应县交界处有黄花岭，位于桑干河北岸，即黄瓜堆所在[88]。金川又称金河，《读史方舆纪要·山西六》大同府大同县金河条载："金河，在府西北……亦曰金川。北齐主（高）洋天保五年（554）邀柔然于金川，柔然远遁。"[89]金川即今内蒙古自治区大黑河[90]，与天保四年（553）高洋追突厥之朔州相近。白道位于今内蒙古自治区呼和浩特市西北与武川县东南交界一带，沃野镇在今内蒙古自治区乌拉特前旗境，怀朔镇在今内蒙古自治区固阳县境[91]。

（五）北齐天保年间的北部疆界

从上述诸地可以看出北齐天保五年（554）以前，其北部疆界，西侧大致在今山西省朔州市、怀仁市的马邑川、黄瓜堆一线，中部大致在今山西省广灵县、河北省蔚县的代郡一带，东部则在今河北省东部、辽宁省西部的平州和营州一带。随着对外战争的胜利，北齐的北部疆界得到了开拓，其势力也影响到了今内蒙古自治区的大黑河和河套地区[92]。在这种形势下，天保六年（555）重置朔州，天保七年（556）又置恒州。高洋在对外积极战争的同时，也非常重视边防建设。天保六年长城修建的时间，也正是大举进攻柔然的时间。柔然虽然于当年覆灭了，但北境仍有突厥与库莫奚、契丹环伺，修筑长城使得边防得到了加强。天保七年（556），将以前修筑的黄栌岭至社干戍长城和幽州北夏口至恒州长城相连，并向东延伸至北齐与契丹势力交错的营州、平州一带的渤海沿岸，最终形成了长达三千余里的长城防线。

长城的防务工作有专人负责。天保八年（557），曾监筑天保六年长城的高叡得到新的任命，"征叡赴邺，仍除北朔州刺史，都督北燕、北蔚、北恒三州及库推以西黄河以东长城诸镇诸军事。叡慰抚新迁，量置烽戍，内防外御，备有条法，大为兵民所安"[93]。高叡负责北朔、北恒、北蔚、北燕四州的长城边防事务，这四州正是天保六年长城或天保七年长城西段的主要分布地区。北蔚州和北燕州的重置时间与北朔州和北恒州大致同时。北蔚州置于北齐天保年间（550—559），治灵丘县（今山西省灵丘县）[94]。北齐北燕州，治怀戎县（今河北省涿鹿县西南），而怀戎县置于天保六年（555），因此北燕州也大致设立于此时[95]。

本文所述的天保七年长城走向，不仅与当时北齐的北部边界相吻合，其西段（主体是天保六年长城）也正处于高叡所负责的北方四州境内。《高叡传》中言及“库推以西黄河以东”，不论是黄栌岭或西河总秦戍，还是根据调查成果显示的天保六年长城的西端，都有可能位于今山西省兴县北部的黄河东岸，都位于“黄河以东”，而“库推”以后又是天统三年库推戍至海长城的起点，位于今北京市密云区的古北口[96]，与天保六年长城东端的“夏口”相距不远。

五、余　论

依本文所述，今山西省代县雁门关是位于天保六年长城走向上的。河清二年（563）十二月至河清三年（564）正月发生了突厥与北周联合进犯晋阳的战争，雁门关及其所在之长城成为双方进退攻守的重要战场。

《北史·齐本纪下·世祖武成帝纪》载，河清二年（563）十二月，周将杨忠与突厥联兵二十余万“自恒州分为三道”进逼晋阳（今山西省太原市）。第二年正月，周军和突厥大败而逃，齐将段韶追击，“出塞而还”[97]。杨忠率周军南进时，曾在陉岭遭遇到齐兵的抵抗。《周书·杨忠传》载：“齐人守陉岭之隘，忠纵奇兵奋击，大破之。”[98]陉岭即今雁门关所在之勾注山，陉岭之隘即今雁门关。当时在“陉岭之隘”是建有长城的。《周书·晋荡公护传》和《贺若敦传》均载，杨忠与突厥“破齐长城，至并州而还”[99]。《资治通鉴·陈纪三》记载了第二年正月突厥北逃时再次路过陉岭长城的经过，“段韶追之，不敢逼。突厥还至陉岭，冻滑，乃铺毡以度，胡马寒瘦，膝已下皆无毛；比至长城，马死且尽，截槊杖之以归”[100]。

据前文之恒州考证，上述杨忠“自恒州分为三道”显系北齐天保七年（556）以后所置之北恒州（今山西省大同市），陉岭及长城正位于北恒州与晋阳之间，与天保六年长城相合。胡三省就在“比至长城”下注曰：“长城，即文宣所筑者。”

注释：

［1］ 李鸿宾.有关唐朝疆域问题的若干思考［J］.中央民族大学学报（哲学社会科学版），2017（1）：100、105.

［2］〔唐〕李百药.北齐书：卷四：文宣帝纪［M］.北京：中华书局，1972：56.

［3］〔唐〕李延寿.北史：卷七：齐本纪中：显祖文宣帝纪［M］.北京：中华书局，1974：249.

［4］〔北宋〕司马光.资治通鉴：卷一六四：梁纪二十［M］.北京：中华书局，1956：5093.

［5］ 嘉庆重修一统志：卷一四四：汾州府［M］.上海：上海书店，1984.

［6］ 清代1里约等于576米（丘光明等著：《中国科学技术史·度量衡卷》，科学出版社2001年版，第421页），60里约长34.5千米。今测距离乃直线距离，实际长度长于直线距离约一半是合理的。

［7］〔唐〕李百药.北齐书：卷一七：斛律金传［M］.北京：中华书局，1972：220.

［8］ 山西省文物局.山西文物地图集——山西省第三次全国文物普查成果总汇：乌突戍古城遗址条［M］.北京：中国地图出版社，2012.

［9］〔清〕顾祖禹撰，贺次君、施和金点校.读史方舆纪要：卷四十二：山西四［M］.北京：中华书局，2005：1954.

［10］ 刘纬毅.山西历史地名通检［M］.太原：山西教育出版社，1990：78.

［11］〔清〕顾祖禹撰，贺次君、施和金点校.读史方舆纪要：卷四十四：山西六［M］.北京：中华书局，2005：2037.

［12］ 清代1里约等于576米，150里约长86千米，110里约长63千米。今测距离乃直线距离，实际长度长于直线距离约一半是合理的。

［13］ 艾冲.北朝诸国长城新考［C］//中国长城学会.长城国际学术研讨会论文集.长春：吉林人民出版社，1995：139、140.

［14］〔清〕顾祖禹撰，贺次君、施和金点校.读史方舆纪要：卷四十二：山西四［M］.北京：中华书局，2005：1954.

［15］〔唐〕李百药.北齐书：卷四：文宣帝纪［M］.北京：中华书局，1972：56.

［16］〔唐〕李百药.北齐书：卷二：神武帝纪下［M］.北京：中华书局，1972：20.

〔唐〕李百药.北齐书：卷四：文宣帝纪［M］.北京：中华书局，1972：60、65.

〔唐〕李百药.北齐书：卷八：后主纪［M］.北京：中华书局，1972：109.

［17］〔清〕顾祖禹撰，贺次君、施和金

点校.读史方舆纪要：卷四十：山西二［M］.北京：中华书局，2005：1834.
［18］ 丘光明，邱隆，杨平.中国科学技术史·度量衡卷［M］.北京：科学出版社，2001：287.
［19］ 郎保利.山西长城的历史与现状［J］.山西长城，2008（1）：23.（笔者按：原文将吴城镇“东南”误记为“西南”。）
［20］ 王仲荦.北周地理志［M］.北京：中华书局，1980：847.
朱大渭.北朝历代建置长城及其军事战略地位［J］.中国史研究，2006（2）：65.
李鸿宾.隋朝的北部防务与长城问题［J］.中国边疆史地研究，2006（4）：45、46.
［21］ 王育民.中国历史地理概论（下册）［M］.北京：人民教育出版社，1988：447.
李孝聪.北齐长城［M］//中国长城学会编.长城百科全书.长春：吉林人民出版社，1994：81.
景爱.中国长城史［M］.上海：上海人民出版社，2006：226.
［22］ 尚珩.北齐长城考［J］.文物春秋，2012（1）：47.（笔者按：尚文误将西魏记为北周。）
［23］〔唐〕李延寿.北史：卷九六：稽胡传［M］.北京：中华书局，1974：3194.
［24］〔唐〕李延寿.北史：卷六：齐本纪上：高祖神武帝纪［M］.北京：中华书局，1974：224、225、229.
［25］〔唐〕李百药.北齐书：卷四：文宣帝纪［M］.北京：中华书局，1972：57.
〔唐〕李延寿.北史：卷七：齐本纪中：显祖文宣帝纪［M］.北京：中华书局，1974：249.
［26］〔唐〕李百药.北齐书：卷四：文宣帝纪［M］.北京：中华书局，1972：58.
［27］ 西魏侵犯北齐事见《北齐书》卷四《文宣帝纪》，天保元年（550）“十一月，周文帝率众至陕城，分骑北渡，至建州”。此事在《北齐书》卷一五《潘乐传》中记载较详：“周文东至崤、陕，遣其行台侯莫陈崇自齐子岭趣轵关，仪同杨［摽寸］从鼓钟道出建州，陷孤公戍。诏乐总大众御之。乐昼夜兼行，至长子，遣仪同韩永兴从建州西趣崇，崇遂遁。”
［28］〔唐〕李百药.北齐书：卷四：文宣帝纪［M］.北京：中华书局，1972：59、61.
［29］〔唐〕李百药.北齐书：卷一三：高叡传［M］.北京：中华书局，1972：171.
［30］〔北宋〕司马光.资治通鉴：卷一六四：梁纪二十［M］.北京：中华

书局，1956：5130.
［31］〔唐〕李延寿.北史：卷七：齐本纪中：显祖文宣帝纪［M］.北京：中华书局，1974：252、253.
［32］施和金.北齐地理志［M］.北京：中华书局，2008：96、97.
［33］〔北魏〕郦道元著，陈桥驿校证.水经注校证：卷一四：湿余水［M］.北京：中华书局，2013：321.
［34］〔北宋〕司马光.资治通鉴：卷一六四：梁纪二十［M］.北京：中华书局，1956：5130.
［35］〔清〕顾祖禹撰，贺次君、施和金点校.读史方舆纪要：卷十：北直一［M］.北京：中华书局，2005：429−431.
［36］谭其骧.中国历史地图集（第四册）［M］.北京：中国地图出版社，1982：65−66.
［37］艾冲.北朝诸国长城新考［C］//中国长城学会.长城国际学术研讨会论文集.长春：吉林人民出版社，1995：138.
［38］〔北齐〕魏收.魏书：卷一〇六上：地形志上［M］.北京：中华书局，1974：2479.
［39］〔唐〕李吉甫撰，贺次君点校.元和郡县图志：卷一四：河东道三［M］.北京：中华书局，1983：409.
［40］北恒州之名见于《隋书》卷三十《地理志中》马邑郡条：“（云内县）又有后齐安远、临塞、威远、临阳等郡属北恒州，后周并废。”（中华书局1973年版，第853页）
［41］罗哲文.长城［M］.北京：北京旅游出版社，1988：41.
艾冲.北朝诸国长城新考［C］//中国长城学会.长城国际学术研讨会论文集.长春：吉林人民出版社，1995：138.
景爱.中国长城史［M］.上海：上海人民出版社，2006：226.
朱大渭.北朝历代建置长城及其军事战略地位［J］.中国史研究，2006（2）：56.
李孝聪.北齐长城［M］//中国长城学会编.长城百科全书.长春：吉林人民出版社，1994：81.
［42］〔北齐〕魏收.魏书：卷一〇六上：地形志上［M］.北京：中华书局，1974：2474.
［43］刘纬毅.山西历史地名通检［M］.太原：山西教育出版社，1990：90、105.
［44］牟发松，毋有江，魏俊杰.中国行政区划通史・十六国北朝卷［M］.上海：复旦大学出版社，2016：621、660.
［45］刘纬毅.山西历史地名通检［M］.太原：山西教育出版社，1990：90、105.
［46］〔清〕顾祖禹撰，贺次君、施和金

点校.读史方舆纪要：卷四十四：山西六［M］.北京：中华书局，2005：2008.
［47］艾冲.北朝诸国长城新考［C］//中国长城学会.长城国际学术研讨会论文集.长春：吉林人民出版社，1995：138.（艾冲在第139页，又指出达速岭在今凉城县南境，而未提大同市西北。以后在《北朝拓跋魏、高齐、宇文周诸国长城再探索——兼与朱大渭先生商榷》一文中又有些许变化，达速岭即今大同市西北、内蒙古凉城县西南境的杀虎口附近山岭。）
［48］朱大渭.北朝历代建置长城及其军事战略地位［J］.中国史研究，2006（2）：56.
［49］〔清〕魏元枢，周景柱纂修.中国地方志集成：山西府县志辑（第11册）：（乾隆）宁武府志：卷二：山川［M］.南京：凤凰出版社，2005：44、49.
［50］谭其骧.中国历史地图集（第四册）［M］.北京：中国地图出版社，1982：65-66.
［51］〔唐〕李百药.北齐书：卷四：文宣帝纪［M］.北京：中华书局，1972：63.
［52］西河郡在《魏书》卷一〇六《地形志上》实有三处记载，除本文中提到的两处外，沧州浮阳郡条载："（高城县）有平津乡。兴和中（539—542）绾流民立东西河郡隰城县。武定（543—550）末罢。"因沧州的东西河郡和隰城县存在时间很短，且与长城无涉，并不在我们的考证范围。故本文言为两处记载。
［53］〔北齐〕魏收.魏书：卷一〇六上：地形志上［M］.北京：中华书局，1974：2483.
［54］〔北齐〕魏收.魏书：卷一〇六上：地形志上［M］.北京：中华书局，1974：2479、2480.
［55］《元和郡县图志》卷一三《河东道二》汾州西河县条载："西河县，本汉兹氏县也，曹魏于此置西河郡，晋改为国，仍改兹氏县为隰城县，上元元年改为西河县。"可知兹氏县在西晋时改称隰城县，那么北魏西河郡治兹氏城也即隰城县所在。
［56］施和金.北齐地理志［M］.北京：中华书局，2008：221、222.
王仲荦.北周地理志［M］.北京：中华书局，1980：827.
刘纬毅.山西历史地名通检［M］.太原：山西教育出版社，1990：105.
［57］永安县在隋开皇（581—600）初改称西河县，大业（605—618）初废置。据《读史方舆纪要》卷四一《山西三》平阳府洪洞县西河废县条"西河废县，县西南三十里"，王仲荦、施和

金指出该县位于洪洞县西南。（王仲荦.北周地理志［M］.北京：中华书局，1980：812；施和金.北齐地理志［M］.北京：中华书局，2008：241.）刘纬毅据《清一统志·平阳府》“西河废县，在临汾县北”指出位于临汾市北。（刘纬毅.山西历史地名通检［M］.太原：山西教育出版社，1990：154.）笔者按：今临汾市北3千米左右有南永安村和北永安村，疑即旧永安县所在，所以本文将永安县址定在了今临汾市北。另《嘉庆重修一统志》卷一三八《平阳府一》古迹条载“西河废县，在临汾县西”，与刘纬毅所引《清一统志》指称在临汾县北有别。

［58］除《魏书》卷一〇六上《地形志上》汾州“孝昌中（525—527）陷，移治西河”一语外，《魏书》卷六九《裴良传》也记载了汾州刺史裴良迁治西河的背景和具体经过。

［59］〔北齐〕魏收.魏书：卷一〇六上：地形志上［M］.北京：中华书局，1974：2455.

［60］〔唐〕魏征等.隋书：卷三十：地理志中［M］.北京：中华书局，1973：851、852.

［61］〔唐〕李吉甫撰，贺次君点校.元和郡县图志：卷一三：河东道二［M］.北京：中华书局，1983：377.

祁剑青.西汉至隋唐时期西河郡的变迁［J］.中国历史地理论丛，2014（2）：109.（祁剑青据杨守敬《隋书地理志考证》指出，“隋大业三年（607）废汾州”一语之“汾州”当为“介州”。）

［62］〔宋〕乐史撰，王文楚等点校.太平寰宇记：卷四一：河东道二［M］.北京：中华书局，2007：865.

［63］王仲荦.北周地理志［M］.北京：中华书局，1980：827、835、836、845。

刘纬毅.山西历史地名通检［M］.太原：山西教育出版社，1990：110.

牟发松，毋有江，魏俊杰.中国行政区划通史·十六国北朝卷［M］.上海：复旦大学出版社，2016：950、953.

［64］施和金.北齐地理志［M］.北京：中华书局，2008：219、220.

［65］〔唐〕魏征等.隋书：卷三十：地理志中［M］.北京：中华书局，1973：852.

［66］施和金《北齐地理志》指出，北齐时介休县另置定阳郡，西河郡只领隰城、永安二县，其时间应为天保七年（556）以后。为求保险，下文我们仍旧将介休县列入叙述的范围。

［67］施和金《北齐地理志》指出永安县在今灵石县东，介休县在今介休

市。刘纬毅编著《山西历史地名通检》指出永安县在今孝义市，隋以前介休县在今介休市东南十五里。

[68] 施和金.北齐地理志［M］.北京：中华书局，2008：241、242.

[69] 景爱.中国长城史［M］.上海：上海人民出版社，2006：227.

[70] 王国良.中国长城沿革考［M］.北京：商务印书馆，1931：46.
王国良，寿鹏飞.长城研究资料两种［M］.香港：龙门书店，1978.
景爱.中国长城史［M］.上海：上海人民出版社，2006：227.
朱大渭.北朝历代建置长城及其军事战略地位［J］.中国史研究，2006（2）：57.

[71] 〔唐〕李百药.北齐书：卷四：文宣帝纪［M］.北京：中华书局，1972：57.
〔唐〕李延寿.北史：卷七：齐本纪中：显祖文宣帝纪［M］.北京：中华书局，1974：250.

[72] 《中国文物地图集·山西分册》（中国地图出版社2006年版）指出兴县至广灵县一线长城是天保七年长城。如本文所述，天保七年长城包括天保六年长城在内，因此与本文观点并不相悖。

[73] 〔唐〕李百药.北齐书：卷四：文宣帝纪［M］.北京：中华书局，1972：56.
〔唐〕李延寿.北史：卷七：齐本纪中：显祖文宣帝纪［M］.北京：中华书局，1974：249.

[74] 〔北齐〕魏收.魏书：卷一〇六上：地形志上［M］.北京：中华书局，1974：2497.

[75] 施和金.北齐地理志［M］.北京：中华书局，2008：197.

[76] 李凭.北魏平城时代［M］.上海：上海古籍出版社，2011：325、326.
王仲荦.北周地理志：附录：北魏延昌地形志北边州镇考证［M］.北京：中华书局，1980：1108、1109.
另外谭其骧主编《中国历史地图集》西汉《并州朔方刺史部》和北朝魏《相冀幽平等州》图中，代县标示在今河北省蔚县东北（第二册，第17~18页；第四册，第50~51页）。牟发松、毋有江、魏俊杰在《中国行政区划通史·十六国北朝卷》指出代县在今河北省蔚县东二十里代王城，同于谭说，而与李、王之说略有差异。

[77] 〔唐〕李百药.北齐书：卷四：文宣帝纪［M］.北京：中华书局，1972：57.

[78] 〔北齐〕魏收.魏书：卷一百：契丹传［M］.北京：中华书局，1974：2223.
〔唐〕李延寿.北史：卷九四：契丹

传［M］.北京：中华书局，1974：3127.
［79］〔北魏〕郦道元著，陈桥驿校证.水经注校证：卷一四：大辽水［M］.北京：中华书局，2013：335、336.
［80］ 营州、平州、龙城或和龙城、白狼城、白狼水等地名今位置，见施和金《北齐地理志》（第112~115页、124页）和谭其骧主编《中国历史地图集》北朝魏《相冀幽平等州》、北朝《东魏》、北朝《齐》诸图（第四册，第50~51页、61~62页、65~66页）。
［81］《北齐书》卷四《文宣帝纪》、《资治通鉴》卷一六五《梁纪二十一》将此事系于当年十一月。《北史》卷七《齐本纪中·显祖文宣帝纪》和卷九八《蠕蠕传》有相似记载，但误将“朔州”记为“朔方”。
［82］ 施和金.北齐地理志［M］.北京：中华书局，2008：180−183.（另新平城位置依牟发松、毋有江、魏俊杰著《中国行政区划通史·十六国北朝卷》所述。）
［83］〔北魏〕郦道元著，陈桥驿校证.水经注校证：卷一三：漯水［M］.北京：中华书局，2013：297.
［84］ 谭其骧.中国历史地图集（第四册）［M］.北京：中国地图出版社，1982：52.
［85］ 天保五年（554）五月北征柔然一事，《资治通鉴》系于四月。六月之“金山”，《北齐书》记为“金山”，《北史》卷九八《蠕蠕传》和《资治通鉴》则记为“金川”。
参考：〔唐〕李百药.北齐书：卷四：文宣帝纪［M］.北京：中华书局，1972：58、60；〔唐〕李延寿.北史：卷七：齐本纪中：显祖文宣帝纪［M］.北京：中华书局，1974：251、252；〔唐〕李延寿.北史：卷九八：蠕蠕传［M］.北京：中华书局，1974：3266、3267；〔北宋〕司马光.资治通鉴：卷一六五：梁纪二十一［M］.北京：中华书局，1956：5112、5113、5115；〔北宋〕司马光.资治通鉴：卷一六六：梁纪二十二［M］.北京：中华书局，1956：5131.
［86］ 牟发松，毋有江，魏俊杰.中国行政区划通史·十六国北朝卷［M］.上海：复旦大学出版社，2016：659.
［87］ 祁剑青.肆州沿革考［J］.唐都学刊，2013（4）：96.
［88］ 牟发松，毋有江，魏俊杰.中国行政区划通史·十六国北朝卷［M］.上海：复旦大学出版社，2016：662.
［89］〔清〕顾祖禹撰，贺次君、施和金

点校.读史方舆纪要：卷四十四：山西六［M］.北京：中华书局，2005：2010、2011.

［90］ 谭其骧.中国历史地图集（第五册）［M］.北京：中国地图出版社，1982：17-18、40-41.

［91］ 谭其骧.中国历史地图集（第四册）［M］.北京：中国地图出版社，1982：52、54-55.

［92］ 据《北齐书》卷一七《斛律金传》："后以茹茹为突厥所破，种落分散，虑其犯塞，惊挠边民，乃诏金率骑二万屯白道以备之。而虏帅豆婆吐久备将三千余户密欲西过，候骑还告，金勒所部追击，尽俘其众。茹茹但钵将举国西徙，金获其候骑送之，并表陈虏可击取之势。显祖于是率众与金共讨之于吐赖，获二万余户而还。"说明白道在天保五年（554）时已成为北齐防御与反攻柔然的重要战备据点。

［93］〔唐〕李百药.北齐书：卷一三：高叡传［M］.北京：中华书局，1972：171.

［94］ 施和金.北齐地理志［M］.北京：中华书局，2008：192-194.

［95］ 施和金.北齐地理志［M］.北京：中华书局，2008：150~152.（其中天保六年（555）置怀戎县，据《太平寰宇记》卷七一《河北道二十》。）

［96］ 艾冲.北朝诸国长城新考［C］//中国长城学会.长城国际学术研讨会论文集.长春：吉林人民出版社，1995：140.

［97］〔唐〕李延寿.北史：卷八：齐本纪下：世祖武成帝纪［M］.北京：中华书局，1974：283、284.

［98］〔唐〕令狐德棻等.周书：卷一九：杨忠传［M］.北京：中华书局，1971：318.

［99］〔唐〕令狐德棻等.周书：卷一一：晋荡公护传［M］.北京：中华书局，1971：169.

〔唐〕令狐德棻等.周书：卷二八：贺若敦传［M］.北京：中华书局，1971：476.

［100］〔北宋〕司马光.资治通鉴：卷一六九：陈纪三［M］.北京：中华书局，1956：5237、5238.

主讲人 / 张文平

从赵武灵王到王昭君

——战国秦汉时期河套地区中原王朝长城防御体系的演变

主讲人 / 张文平

呼和浩特市文物考古研究所研究员

一、阴山山脉与河套平原

内蒙古中西部地区的阴山山脉是战国秦汉时期长城防御的重要依托。整个阴山山脉，东起今内蒙古自治区乌兰察布市兴和县与河北省张家口市尚义县的交界处，西至内蒙古自治区阿拉善盟阿拉善右旗与甘肃省张掖市山丹县的交界处，东西横亘绵延。阴山山脉南麓，在“几”字形黄河的臂弯内外形成了广袤的河套平原。河套平原可划分为前套平原、后套平原、明安川、鄂尔多斯高原等数个小的地理单元，前套平原又称土默特平原。如果进一步细分的话，前套平原还可分为呼和浩特平原、包头平原，呼和浩特平原位于大青山山前，包头平原位于乌拉山山前。鄂尔多斯高原则至少包含了五类地貌区，即中西部干燥剥蚀砂质高地、东南部多湖和沙丘分布的凹地平原——毛乌素沙地、北部黄河阶地库布齐沙漠、西部桌子山、东部沟谷底部覆盖薄黄土的丘陵区。

最晚到秦代，已经产生将阴山山脉分作阴山、阳山两个山系的观念，河南者为阴，河北者为阳。相对于当时后套平原的黄河主河道——北河，阴山在北河以南，阳山在北河以北。从阴山山脉东端点至乌拉山西端一线为阴山，从今呼和浩特市新城区坡根底村附近大青山至阴山山脉西端点一线为阳山。历史地理学者辛德勇先生，将阴山称作大青山—乌拉前山山系，将阳山称作大青山—乌拉后山山系[1]。乌拉前山即乌拉山，而乌拉后山则从东到西还可分为多个小的山系，包括大青山、色尔腾山、查石太山、罕乌拉山、小狼山、大狼山、哈鲁乃山、雅布赖山等。

二、战国秦汉长城的分布

经实地调查，在阴山山脉及其以北的漠南草原之上，主要可见东西向分布的四道战国秦汉时期的长城线路，由南向北依次命名为阴山长城、阳山长城、汉外长城南线、汉外长城北线。

阴山长城修筑于阴山南麓，东起内蒙古自治区乌兰察布市兴和县与河北省张家口市尚义县交界处，西至内蒙古自治区巴彦淖尔市乌拉特前旗乌拉山西端一带。阴山长城始筑于公元前300年，为赵国于赵武灵王在位期间修筑的“拒胡”长城。秦始皇三十三年（前214），秦朝大将蒙恬修筑“起临洮至辽东万余里”[2]的秦始皇长城，对赵武灵王长城今乌兰察布市卓资县卓资山镇以西部分作了沿用，从卓资山镇向南，秦始皇长城新筑于岱海—黄旗海东西一线。同年，蒙恬又于阳山之上修筑了阳山长城。

西汉时期，河套及阴山地区的边疆经历了发展变迁，主要可分为四个阶段：第一阶段，为西汉建国至卫青北伐；第二阶段，为卫青北伐至徐自为修筑五原塞外列城；第三阶段，为徐自为修筑五原塞外列城至汉罢外城；第四阶段，为汉罢外城至王莽篡汉。

第一阶段，西汉建国至卫青北伐时期，匈奴强而汉朝弱，在阴山地区，汉王朝“缮治河上塞”[3]，加筑沿用阴山长城，东起今乌兰察布市卓资县旗下营镇西侧的察哈少山，西至乌拉山西端。

第二阶段，卫青北伐至徐自为修筑五原塞外列城时期，自汉武帝元朔二年（前127）开始，汉朝大举北伐匈奴，将汉朝的疆域扩展至阳山，“复缮”秦代蒙恬所筑阳山长城，并沿着这道长城向西，新筑了朔方郡长城。此后，顺着阳山一线向西，又新筑了西河郡长城、北地郡长城等。

第三阶段，徐自为修筑五原塞外列城至汉罢外城时期，起始年代为太初三年（前102），汉武帝派遣光禄勋徐自为修筑五原塞外列城。五原塞外列城既有列城带围绕于阳山长城的外侧，起到护卫五原、朔方二郡的作用，亦有汉外长城北线从今大青山北麓起，向西抵达汉代庐朐山（今阿拉善盟北部与蒙古国交界处山脉）东麓。大约与修筑五原塞外列城同时，继续构筑阳山长城向西南方向的延伸，在阿拉善右旗境内，沿着雅布赖山一线修筑了隶属于武威郡管辖的长城防线。同时，派强弩都尉路博德开始修筑居延泽长城。在汉外长城北线遭匈奴破坏之后，汉朝为了有效地连接五原塞外列城与居延泽长城，之后又修筑了汉外长城南线与分布于今蒙古国境内的汉外长城，将匈奴彻底驱逐出漠南地区。五原塞外列城与汉外长城南线、北线，由光禄勋徐自为最早主持修筑，合称光禄塞。光禄塞属于西汉外城防线。

第四阶段，汉罢外城至王莽篡汉时期，起始年代为汉宣帝地节二年（前68），在西汉王朝的不断打击之下，匈奴威胁减弱，汉罢外城，光禄塞亦在罢省之列，汉朝西北边疆防线退至阳山长城一线。这种状况一直维持至公元8年王莽篡汉。

从以上四个阶段的西汉西北边疆的长城修筑情况来看，阴山长城使用时间最长，包含了整个西汉时期；阳山长城次之，于二、三、四三个阶段使用；汉外长城北线、南线仅使用于第三阶段（表一、表二）。

表一　长城在战国秦汉时期的使用情况

阴山长城	战国赵 、秦代、 西汉（公元前 201 年—公元 8 年）
阳山长城	秦代（公元前 214 年—公元前 209 年） 西汉（公元前 127 年—公元 8 年）
光禄塞	西汉（公元前 102 年—公元前 68 年）

表二　西汉王朝四个不同时期的长城使用情况

公元前 201 年—公元前 127 年	阴山长城
公元前 127 年—公元前 102 年	阴山长城、阳山长城
公元前 102 年—公元前 68 年	阴山长城、阳山长城、光禄塞
公元前 68 年—公元 8 年	阴山长城、阳山长城

三、赵武灵王长城的防御体系

“启以夏政，疆以戎索”是晋国在西周受封之初的立国之本。“疆以戎索”一词，既有对待戎狄等民族要因其俗而治的意思，也包含了向戎狄之地扩展疆土的雄心。晋国三分之后，赵国临北边，在“战国七雄”之中实力相对较弱。为了富国强兵、抗衡诸雄，公元前307年，赵武灵王在位期间，选择戎狄作为突破口，发动了“胡服骑射”的变革。所谓“胡服骑射”，实质上就是“师夷长技以制夷”，通过学习北方民族的长技，以达到民族交融、增强国力的目的。

当时，在河套平原活动的部族有林胡、楼烦等，均已发展到了游牧阶段。公元前300年，赵武灵王北破林胡、楼烦，“筑长城，自代并阴山下，至高阙为塞。而置云中、雁门、代郡”[4]。赵国一举将前套平原纳入其统治范围，相对于赵国以前“属阻漳、滏之险”[5]修筑的赵南长城，这道长城一般被称为赵北长城，亦称作赵武灵王长城。

调查发现的赵武灵王长城的东端，在今内蒙古自治区与河北省交界处，由此向西北方向延伸，贯穿于内蒙古自治区乌兰察布市、呼和浩特市、包头市、巴彦淖尔市的阴山南麓地带，西端在巴彦淖尔市乌拉特前旗乌拉山大沟沟口东侧。大沟沟口山峰高耸，为赵武灵王长城的西端所在。

历史地理学者唐晓峰先生撰有《河套乌拉山在战国时期的人文地理意义》一文，认为大青山—乌拉山一线为天然的南北分界线，战国时期赵武灵王将长城修筑至乌拉山西端后，乌拉山被赋予了东、西两方分界的作用。“西方是狼山下的河套平原，东方是大青山下的呼和浩特、土默特平原。主峰高达2324米的乌拉山成为一道屏障，为东西地区各自保持较多的独特性提供了地理条件”[6]。由此理解，赵武灵王长城西“至高阙”，高阙指的应该就是乌拉山。

《史记》《汉书》均只记“高阙”，《后汉书》《水经注》才提到“高阙塞”。高阙塞最早只能是东汉时期在今乌拉山沿线设置的一个军事建置。战国、秦代至西汉时期，高阙并非军事建置，只是一个地名而已。“（赵武灵王）筑长城，自代并阴山下，至高阙为塞。而置云中、雁门、代郡”[7]这一段话，需重新句读为“（赵武灵王）筑长城，自代并阴山下至高阙为塞，而置云中、雁门、代郡”。这里的“为塞”，并非设置高阙塞，而是形成防御之意，即在“自代并阴山下至高阙”的一线构筑防御体系。汉长城沿线有关塞类军事建置，赵武灵王长城沿线不一定有；即使有类似军事建置，也不一定叫塞。

乌拉山大沟沟口形似高阙，赵武灵王长城修到了这里。但战国秦汉时期的高阙，作为一个地名，包含更广泛的含义。乌拉山陡峭耸立，其间有昆都仑沟、哈德门沟等南北向通道；乌拉山西端的西山嘴，西、南均临黄河，经西山嘴向东北进入明安川，向西北进入后套平原，扼守与通道作用兼具。《水经注》引《虞氏记》将西山嘴一带记作“五原河曲”[8]，是赵武灵王筑长城的西端点。所以，赵武灵王长城“至高阙”的高阙，与《史记》《汉书》《后汉书》记载的高阙均指向了今天的乌拉山，与《水经注》记载的高阙塞并非同一个地方。

赵武灵王长城墙体在内蒙古境内绵延长达505千米。墙体多为土墙（图一），仅有长5千米多的石墙，还有15千米多的山险与山险墙。近代以来，阴山山前地区农耕发达，城镇、村庄密集，路网纵横，导致赵武灵王长城墙体损毁严重，消失部分达330余千米，占到了整个赵武灵王长城墙体的三分之二。

分布于乌兰察布市境内的赵武灵王长城东段部分，未被后代加筑沿用，所见遗迹较为单纯，沿线不见烽燧。经调查，障城有以下几点分布规律：其一，均倚长城墙体修筑，障城北墙即利用了长城墙体；其二，相邻障城之间的直线距离，大体在5到7千米之间；其三，障城墙体均系土筑，平面形制均大体呈方形或长方形，规模普遍不大，较大障城边长在50米左右，较小障城边长在30米左右。按此障城分布规律估算，整个阴山长城沿线分布的赵国障城数量在90座左右。

乌兰察布市境内的阴山长城沿线未发现烽燧，乌兰察布市以西的阴山长城沿线共调查烽燧126座（图二）。也就是说，赵武灵王长城沿线不见烽燧，而为秦、汉沿用的阴山长城沿线才见烽燧。由于秦朝国祚短暂，存留遗迹极少，这些烽燧的时代应以汉代为主，两两相望、东西绵延于阴山山前地区。李牧为赵将守边时，常居代、雁门二郡，“日击数牛飨士，习射骑，谨烽火，多间谍，厚遇战士”[9]。赵国利用烽火传递军情，但烽燧并非赵武灵王长城沿线的必备配置。

战国时期的赵武灵王长城，主要构成是近505千米的长城墙体，加上90座左右的障城。经正式考古发掘的乌兰察布市卓资县城卜子障城，出土遗物较多，但大部分赵国障城，地表散布遗物普遍较少，有的甚至没有遗物。这种现象表明，赵武灵王长城的防御，虽然修筑了长城墙体、障城，体现了一种全面防御的战略，但由于兵力的不足，在实际中采取的却是一种局部防御，将主要军事力量集中于

图一　内蒙古乌兰察布市察右前旗半哈拉沟段赵武灵王长城

长城沿线的若干较大障城之中。

赵国在赵武灵王长城沿线设置了云中、雁门、代三个边郡，其中云中郡在今内蒙古地区。经考古调查与发掘证实，云中郡旧址为今呼和浩特市托克托县古城村古城。按照赵国的行政军事管理制度，往往于内地设县、边疆设郡。边郡的职能注重于军事，级别并不比县高，所以边郡之下不辖县。赵国云中、雁门、代郡管辖各自区域内的长城沿线障城，这些障城的军事建置为何种名称，尚难以确定。

战国秦汉时期，云中主要指今天的呼和浩特平原。而战国时期的大约今天的包头平原被称作“九原”，归属云中郡管辖。由于“九原”一名屡见于赵国拓边的史籍记载中，有时与云中并列，有的学者便认为赵国曾设置九原郡，这样的观点是难以成立的。赵国的疆域范围“西至云中、九原”[10]的记载，应理解为西至云中、九原这两个地方，而不应该径直理解为西至云中郡、九原郡。赵国于云中郡之下并未设县，九原之地归属

图二　内蒙古包头市土默特右旗阴山长城庙湾汉代烽燧

云中郡管辖，但是否建有名为九原的城邑尚无法得知。

公元前306年，赵武灵王西略胡地，至榆中，林胡王献马。这里的榆中，指今鄂尔多斯高原东北部沿黄平原地区。公元前297年，赵武灵王曾与楼烦王会于西河，并从楼烦王处借兵。西河主要指南流黄河西岸一带。赵国北进阴山，略地是一个目的，更为重要的目的是试图从云中、九原地区南下攻秦。公元前295年，赵国发生沙丘宫变，赵武灵王饿死于沙丘宫。终赵之世，赵国只在南流黄河西岸建立了几个军事据点，并没有实现对榆中、西河的完全控制。

赵国的北进，迫使林胡、楼烦退出云中、九原，或移牧于鄂尔多斯高原、后套平原、明安川一带，或北遁漠南草原。而部分归附于赵国的戎狄骑兵，则直接加入了赵国的对外战争。通过长城的修筑，赵国有效地抵御了北方游牧部族。但在与秦国的争衡中，自赵武灵王之后，赵国则步步走向失利。公元前260年，秦、赵发生长平之战，纸上谈兵的赵国统帅赵括被秦国名将白起击败，赵军伤亡达45万之多，赵国自此一蹶不振。

自公元前272年开始，秦国通过修筑长城，逐步顺着西河北上。战国末年，秦国自西河、榆中出兵攻占赵国的云中、雁门等地，前套平原转入了秦国的控制之中。

四、秦长城的真实面貌

关于秦始皇派大将蒙恬修长城之事，《史记》描述甚为详细。

《史记·秦始皇本纪》记载："三十三年……西北斥逐匈奴。自榆中并河以东，属之阴山，以为三十四县，城河上为塞。又使蒙恬渡河取高阙、阳山、北假中，筑亭障以逐戎人。徙谪，实之初县……三十四年，适治狱吏不直者，筑长城及南越地。"[11]

《史记·匈奴列传》记载："后秦灭六国，而始皇帝使蒙恬将十万之众北击胡，悉收河南地。因河为塞，筑四十四县城临河，徙适戍以充之。而通直道，自九原至云阳，因边山险堑溪谷可缮者治之，起临洮至辽东万余里。又渡河，据阳山、北假中。"[12]

《史记·蒙恬列传》记载："秦已并天下，乃使蒙恬将三十万北逐戎狄，收河南。筑长城，因地形，用制险塞，起临洮，至辽东，延袤万余里。于是渡河，据阳山，逶蛇而北。暴师于外十余年，居上郡。是时蒙恬威振匈奴。"[13]

由以上记载可知，自秦始皇三十三年（前214）开始，秦朝加筑沿用了阴山长城，并于北假中之北的阳山之上新筑了阳山长城。以前的观点，多认为阳山长城的主体是秦长城。但在对阴山长城、阳山长城的深入调查中，却发现秦代遗迹极为罕见。阴山长城以战国、汉代遗迹为主，阳山长城以汉代遗迹为主，二者之中只个别处可见秦代遗迹。

如阳山长城最靠东的两座障城，由南向北依次为冯家窑1号障城、冯家窑2号障城，二者相距约400米。冯家窑1号障城位于阳山长城墙体西侧50米处宽阔的山间平地上，建在一座人工夯筑的台基之上，台基平面呈长方形，南北长60米，东西宽45米，高约1.5米。障城位于台基西北部，平面呈方形，边长40米。墙体为黄土夯筑而成，南墙中部开门。地表散布绳纹陶片、板瓦较多，其中板瓦内腹多饰菱格纹。冯家窑1号障城为典型的汉代障城。

冯家窑2号障城东邻阳山长城墙体，平面呈方形，边长50米。墙体由黄土夯筑而成，南墙中部设门。障城内散布较多绳纹陶片，不见板瓦。障城北侧有一道长约240米的东西向当路塞墙体，对山顶的南北向通道形成封堵之势，并对该障城起到保卫作用。初步推断，冯家窑2号障城为秦代所筑，与其北侧的当路塞共同构成了秦朝修筑于这一山顶通道区域的防御体。到汉代，新筑了冯家窑1号障城及其东侧的阳山长城墙体、烽燧等后，便废弃了冯家窑2号障城及其当路塞（图三）。

秦朝本身修筑长城的时间很短，从秦始皇三十三年（前214）开始到秦二世元年（前209），随着陈胜吴广起义的爆发，长城的修筑工程也就停止了。秦始皇用兵匈奴、修筑长城，历史确有其事，但无奈秦朝国祚短暂，历史上并没有留下宏伟的长城工程。司马迁身处汉武帝时代，受宫刑摧残，无法在《史记》中对当今皇上的穷兵黩武之举加以贬斥，只能借古讽今。历史学者通过研究，发现《史记》之中记载的秦始皇与汉武帝的相似之处很多，包括儒家的胜利、封禅之举、政权的膨胀以及封地的废止等方面，并由此提出“司马迁笔下秦始皇的事迹受到当时汉武帝的影响并作为汉武帝的警示”[14]这样的结论。

相比于秦始皇，汉武帝用兵匈奴、大修长城有过之而无不及，但《史记》之中却不见汉代“筑长城”这样的字样，用的多是“起塞”等表述。西汉“起塞以来百有余年”[15]，通过常年不间断的经营，才真正在北疆地区第一次修筑成型了东西绵延不断的万里长城，很多区域形成了南

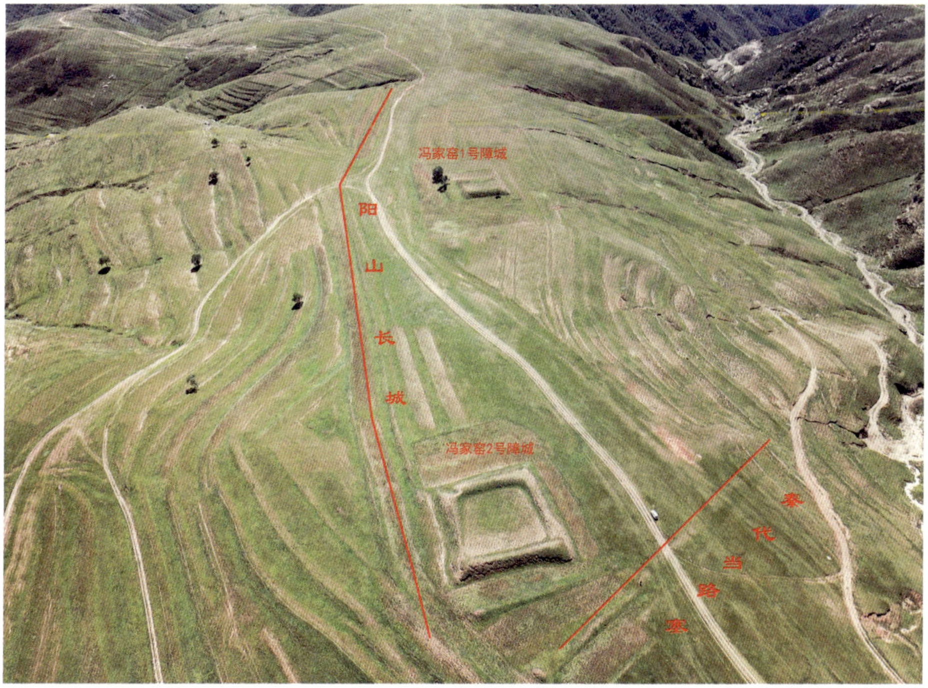

图三　冯家窑 1 号障城与冯家窑 2 号障城相对位置航拍图

北并行的数条长城线路。以前，历史与考古工作者将阳山长城认定为秦长城，实在是受《史记》误导所致。

五、汉长城防御体系的构成

整个西汉时期，阴山长城一直是云中郡、五原郡的主防线。

西汉早期，五原郡尚未设立，阴山长城归属云中郡管辖。从公元前127年开始，阴山长城自东向西分别归属云中郡（治云中县，旧址为今呼和浩特市托克托县古城村古城）、五原郡（治九原县，旧址为今包头市九原区麻池古城）管辖，这种情形一直维持至西汉末年。西汉王朝边郡的军事管理体系，自上而下包括郡太守、部都尉、候官、部、燧等五级建制。云中郡、五原郡在郡太守之下，分别设置有东、中、西三个部都尉。云中郡东部都尉（治陶林县，旧址为今呼和浩特市新城区塔利古城）、中部都尉（治北舆县，旧址为今呼和浩特市土默特左旗毕克齐古城）与五原郡东部都尉（治稒阳县，旧址为今包头市土默特右旗大城西古城）、中部都尉（治原高城，旧址为今包头市九原区哈德门沟古城）、西部都尉（治田辟城，旧址为今巴彦淖尔市乌拉特前旗公庙沟口障城），自东向西驻守于阴山长城沿线的县城或障城之中，管辖设置于长城沿线的候官、部、燧等。只有云中郡西部都尉驻守于桢陵县（今呼和浩特市清水河县拐子上古城），管辖南流黄河东岸一线的军事防御。

从五原郡向西进入后套平原，在汉代为朔方郡辖区。朔方郡的主防线为阳山长城，始筑于公元前127年，其延伸线路大体东起自乌拉特前旗与乌拉特中旗交界处的扎拉格河，西至磴口县与阿拉善左旗交界处的查斯沟。

那么，从扎拉格河向东直至今呼和浩特市新城区坡根底村东侧的阳山长城，西汉时期是何种管理状况呢？从分布地域上来看，这一段长城自东向西分别归属云中郡、五原郡管辖，但并非二郡的主防线，是与阴山长城有所差异的一种军事管理体制。

据《汉书·地理志》，西汉云中郡辖11县，五原郡辖16县[16]。这些县治，结合《水经注》等的记载考证，除五原郡河目县位于明安川汉长城南侧、黄河北河南流段（今堰塞为乌梁素海）东岸之外，其他均位于阴山长城之南。也就是说，阴山长城、明安川汉长城之北至云中郡、五原郡管辖的阳山长城之间的这一片区域，西汉并未设县管理。这一未设县的区域，大致以今呼和浩特市武川县壕赖山—马鞍山南北一线为界，以东为云中郡辖区，以西为五原郡辖区，相关史料分别称作云中塞、五原塞。

关于云中塞的记载，仅于《汉书》中见有一条。《汉书·匈奴传》记载，王莽始建国二年（10），“莽于是大分匈奴为十五单于，遣中郎将蔺苞、副校尉戴级将兵万骑，多赍珍宝至云中塞下，招诱呼韩邪单于诸子，欲以次拜之”[17]。而关于五原塞的记载，《史记》《汉书》《后汉书》中均有见到。《史记》《汉书》

对五原塞的记载，集中于两件事情，一件是太初三年（前102）汉武帝派遣光禄勋徐自为出五原塞修筑五原塞外列城，另一件是甘露二年（前52）匈奴呼韩邪单于款五原塞。

《史记·匈奴列传》记载："［太初三年（前102）］，呴犁湖单于立，汉使光禄徐自为出五原塞数百里，远者千余里，筑城鄣列亭至庐朐，而使游击将军韩说、长平侯卫伉屯其旁，使强弩都尉路博德筑居延泽上。"[18]

《汉书·武帝纪》记载："（太初三年）遣光禄勋徐自为筑五原塞外列城，游击将军韩说将兵屯之。强弩都尉路博德筑居延。"[19]

《汉书·宣帝纪》记载："［甘露二年（前52）］，匈奴呼韩邪单于款五原塞，愿奉国珍朝三年正月。"[20]

通过分析以上史料，大体可知，五原塞是一个区域，这个区域位于阴山长城及明安川汉长城以北、阳山长城以南、壕赖山—马鞍山南北一线以西、黄河北河南流段以东。此区域之北的阳山长城，构成五原塞的边防线（图四）。阳山汉长城与阴山汉长城一样，也是由长城墙体、烽燧、障城等要素构成。障城一般为候官治所，烽燧为部、燧治所，形成长城沿线的军事防御体系。五原塞既然归属五原郡，那么它必然服从五原郡太守的管辖，五原郡太守与五原塞长城沿线的候官之间，还应有都尉一级管理者，但并非《汉书·地理志》记载的部都尉，而应是城都尉，其级别大体等同于部都尉。

城都尉是一个什么样的情况呢？在五原塞汉长城的沿线，调查发现两座规模较大的汉代古城，分别为碾坊古城、增隆昌古城，其中后者为北魏加筑沿用（图五）。两座古城的规模一致，均为边长315米的方城。碾坊古城位于固阳县昆都仑河上游一带，增隆昌古城位于乌拉特前旗小佘太川北端，两座古城一东一西，掌控着五原塞汉长城。这两座军事性城邑，各驻守有一位都尉，即城都尉，均归属五原郡太守直接管领。

汉武帝太初元年（前104），因为公孙敖筑塞外受降城，受降城设受降都尉进行军事管理，从而产生了城都尉的概念。云中塞的管理方式，同于五原塞。

云中塞、五原塞的辖区，自秦代以来有“北假中”之名，汉代称作“北假”，五原塞辖区又称作“五原北假”。西汉时期，在北假中设置有北假田官，是管理军事屯田的官员，以供应军需。汉元帝初元五年（前44），罢北假田官。《汉书·食货志》记载此事曰：“在位诸儒多言盐铁官及北假田官、常平仓可罢，毋与民争利。上从其议，皆罢之。”[21]罢北假田官的理由是“毋与民争利”，说明北假田官管理的军事屯田与老百姓争利，此时北假中应已有平民百姓开垦种植，但具体是何种民事管理机构，尚无法确定。王莽时，曾一度恢复北假中的军事屯田。据《汉书·王莽传》载，始建国三年（11），“遣尚书大夫赵并使劳北边，还言五原北假膏壤殖谷，异时常置田官。乃以并为田禾将军，发戍卒屯田北假，以助军粮”[22]。王莽时的田禾将军与西汉时的北假田官，性质是一样的。

在固阳县金山镇梅令山的山前平

图四　内蒙古巴彦淖尔市乌拉特前旗广申隆段五原塞汉长城

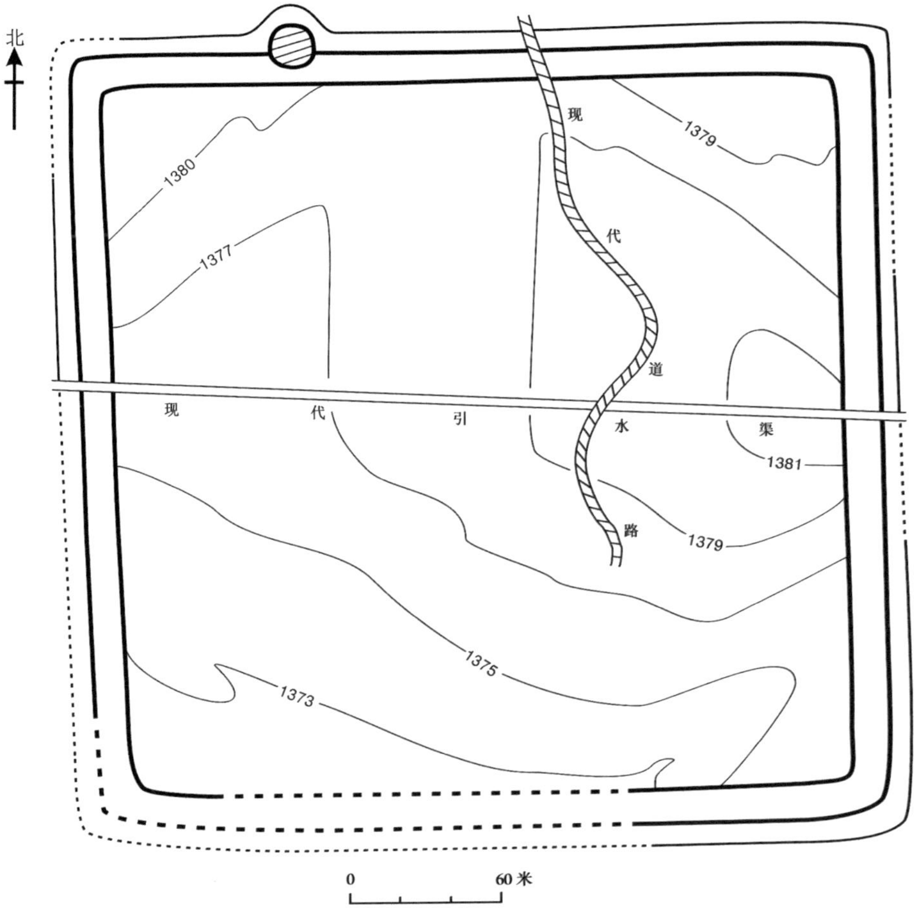

图五　增隆昌古城平面图

地上，分布有一座规模较大的汉代遗址。遗址东距梅令山村约2千米，西临昆都仑河，面积近10万平方米。遗址之上遍布汉代陶片、瓦片等，个别陶片之上可见“万石”文字戳记，还采集有五铢钱、铁锅残片等。以前的调查认为是一座汉代古城遗址，但一直没有发现明显的城墙遗迹。初步推断，该遗址应是一处与北假田官有关的大型屯田遗址。

由以上分析可见，西汉时期的五原塞，至少设置有两个归属五原郡太守管辖的城都尉，城都尉之下管辖若干候官、部、燧，布列于五原塞汉长城沿线；设置有北假田官，管理军事屯田，以助军粮。西汉时期的云中塞、五原塞长城，相对于云中郡、五原郡管辖的主防线阴山长城，构成了向北的第二道防御线。

从五原塞再向北的光禄塞，包括汉外长城南线、北线，则是第三道、第四道防御线。光禄塞是一个纯军事性的边防区，初建时由游击将军韩说、长平侯卫伉屯守，后来也是设若干城都尉管领。《汉书·地理志》“五原郡”条“稒阳”下注曰：“北出石门障得光禄城，又西北得支就城，又西北得头曼城，又西北得虖河城，又西得宿虏城。”[23]这五座城邑中的光禄城，与受降城的军事建置一样，应该是光禄塞东部的中心军事城邑。

六、昭君出塞

在西汉王朝持续不断的打击之下，匈奴退居于漠北，势力大损，内乱不断，对汉王朝已难以构成威胁。在此种情形之下，汉宣帝地节二年（前68），罢省了外城防御。此后，匈奴内部发生了分裂，在与郅支单于争权中失利的呼韩邪单于主动内附，于甘露三年（前51）赴长安觐见汉宣帝，愿驻牧于光禄塞下，为汉朝保卫边疆。

汉元帝建昭三年（前36），汉朝西域都护甘延寿、副都护陈汤发兵，诛杀了避居于康居的郅支单于。呼韩邪单于又喜又惊，提出了与汉朝和亲、做皇帝女婿的请求。从西汉前期的汉匈结为昆弟到匈奴自愿做汉朝女婿，匈奴单于与汉朝皇帝之间的关系变化很大。西汉前期嫁于匈奴单于的名义上是公主，实际上是家人子、宗室女。与呼韩邪单于的和亲，直接赐予的是良家子、待诏掖庭王昭君。何谓待诏掖庭？应劭注释曰：“郡国献女未御见，须命于掖庭，故曰待诏。”[24]

汉元帝竟宁元年（前33），呼韩邪单于第三次赴长安，迎娶王昭君。王昭君为南郡秭归人，名嫱，字昭君，被汉元帝直接封为单于阏氏，号宁胡阏氏。汉朝改元“竟宁”，边境安宁也。《汉书·匈奴传》对这一事件的记叙也很详细，但侧重在是否“罢边备塞吏卒”的讨论上。呼韩邪单于迎娶王昭君后，又主动上书愿为汉朝守边，“保塞上谷以西至敦煌，传之无穷，请罢边备塞吏卒，以休天子人民”[25]。很多汉朝大臣认为可以罢边塞，将边防交于呼韩邪单于守卫。此时，郎中侯应提出了十条理由反对罢边塞，主旨是，长城是汉朝防御匈奴的国防大计，如果轻易交于匈奴人，稍有不测，国家便会出现危险。汉元帝认为侯应言之有理，回绝了呼韩邪单于罢边塞的提议。

或认为，昭君出塞换得汉匈和平六十年。实际上，西汉晚期的汉匈和平关系，是完全靠西汉王朝用武力打出来的。昭君出塞对汉匈和平有一定的促进，但不是决定性因素。在汉匈关系中，起决定作用的还是硬实力，汉王朝以强盛的国力实现了对匈奴的绝对压制。当然，今天将昭君出塞视为民族团结的象征，也是具有重要现实意义的。

七、余　论

公元前300年，战国赵武灵王长城沿着阴山南麓，修筑至乌拉山西端；公元前214年，秦朝大将蒙恬越过阴山，占领北假中，将长城修筑至北假中北侧的阳山之上；公元前127年，西汉大将卫青占领了后套平原，设置了朔方郡，在加筑蒙恬所筑阳山长城的同时，向西在阳山之上修筑了朔方郡长城。战国、秦代、西汉三个时期，对今天阴山山脉及河套平原的统治，经历了一个不断扩大的过程。

东汉时期，南匈奴、乌桓、鲜卑等部族大量南下，归附于东汉王朝。东汉因势利导，一改西汉大修长城的做法，而是利用这些部族布列于沿边郡县，让他们为汉朝守边。东汉王朝设置使匈奴中郎将、度辽将军、护乌桓校尉等官职，管理这些部族。这些部族平时游牧，战时随汉朝军队出征，经常性地接受朝廷的赏赐。东汉王朝用这种与北方民族的军事联盟政策，一定程度上替代了长城防御体系。

修筑长城的优势，是可以利用长城开展全面防御。战国秦汉时期，通过长城扩展了能够有效控制的领土，尤其是西汉王朝，不断开疆拓土，长城防线持续向北拓展，将匈奴驱逐至大漠以北。战国秦汉长城，本质上均属于积极进攻的长城。

注释：

[1] 辛德勇.阴山高阙与阳山高阙辨析——并论秦始皇万里长城西段走向以及长城之起源诸问题［M］//秦汉政区与边界地理研究.北京：中华书局，2009.

[2] 〔西汉〕司马迁.史记：卷一百十：匈奴列传［M］.北京：中华书局，1959：2886.

[3] 〔西汉〕司马迁.史记：卷八：高祖本纪［M］.北京：中华书局，1959：369.

[4] 〔西汉〕司马迁.史记：卷一百十：匈奴列传［M］.北京：中华书局，1959：2885.

[5] 〔西汉〕司马迁.史记：卷四三：赵世家［M］.北京：中华书局，1959：1806.

[6] 唐晓峰.河套乌拉山在战国时期的人文地理意义［M］//武汉大学历史地理研究所编.石泉先生九十诞辰纪念文集.武汉：湖北人民出版社，2007.

[7] 〔西汉〕司马迁.史记：卷一百十：匈奴列传［M］.北京：中华书局，1959：2885.

[8] 〔北魏〕郦道元著，陈桥驿校证.水经注校证：卷三：河水［M］.北京：中华书局，2007：78.

[9] 〔西汉〕司马迁.史记：卷八一：廉颇蔺相如列传［M］.北京：中华书局，1959：2450.

[10] 〔西汉〕司马迁.史记：卷四三：赵世家［M］.北京：中华书局，1959：1811.

[11] 〔西汉〕司马迁.史记：卷六：秦始皇本纪［M］.北京：中华书局，

1959：253.

［12］〔西汉〕司马迁.史记：卷一百十：匈奴列传［M］.北京：中华书局，1959：2886.

［13］〔西汉〕司马迁.史记：卷八八：蒙恬列传［M］.北京：中华书局，1959：2566.

［14］〔德〕傅敏怡著，孙维国译.司马迁《史记》之秦皇与汉武［J］.湖南大学学报（社会科学版），2009（2）.

［15］〔东汉〕班固.汉书：卷九四：匈奴传［M］.北京：中华书局，1964：3804.

［16］〔东汉〕班固.汉书：卷二八：地理志［M］.北京：中华书局，1964：1619-1620.

［17］〔东汉〕班固.汉书：卷九四：匈奴传［M］.北京：中华书局，1964：3823.

［18］〔西汉〕司马迁.史记：卷一百十：匈奴列传［M］.北京：中华书局，1959：2916.

［19］〔东汉〕班固.汉书：卷六：武帝纪［M］.北京：中华书局，1964：201.

［20］〔东汉〕班固.汉书：卷八：宣帝纪［M］.北京：中华书局，1964：270.

［21］〔东汉〕班固.汉书：卷二四：食货志［M］.北京：中华书局，1964：1142.

［22］〔东汉〕班固.汉书：卷九九：王莽传［M］.北京：中华书局，1964：4125.

［23］〔东汉〕班固.汉书：卷二八：地理志［M］.北京：中华书局，1964：1620.

［24］〔东汉〕班固.汉书：卷九：元帝纪［M］.北京：中华书局，1964：297.

［25］〔东汉〕班固.汉书：卷九四：匈奴传［M］.北京：中华书局，1964：3803.

主讲人 / 赵世瑜

长城：消逝与永存

主讲人 / 赵世瑜
北京大学历史学系教授

后人常以为长城始建于战国时期，那时北方各国如齐、赵、燕、秦等纷纷修建长城以设防，其中早期各国兴建长城的目的在于相互间的防御，如齐长城最初是为了防鲁，后来是为了防楚；秦、赵早期的长城在于防魏，而魏国的河西长城则在于防秦。直到公元前4世纪末，秦国、燕国和赵国才以长城防备北方的匈奴和东胡。如果脍炙人口的孟姜女传说的原型杞梁妻哭倒的真是齐长城的话，那倒与防范北方游牧民族的长城毫无干系。不过，就像烽火戏诸侯的故事所显示的，以修建长城来防备游猎民族的历史还可追溯得更远。

公元前2000年到公元前1000年，由于全球气候的变冷，出现了一个普遍干旱的时期。自然环境的变化使人类的生存方式和分布地域发生了改变，在今天的长城沿线地带，人们多采用游牧和渔猎的生存方式；在更南的地区，也分布着许多半农半牧的族群。今天的陕西、山西、河北的山岳地带，成为一个资源竞争激烈的区域。因此，殷商时期的鬼方、土方，西周时期的戎、狄与商、周腹心地区相距不远，正是这一环境变化的结果。

比如西周时期的晋国及其前身唐国，地处今天晋南的浮山一带，即太岳山（霍山）的南麓。考古学者认为，这里是中原文化区与北方文化区的分野。大约是由于晋国的开国者唐叔虞及其继承者“启以夏政，疆以戎索”逐渐取得成效，戎狄逐渐北退，特别是到晋文公成就霸业的时代，晋国的势力范围已经大大超出了晋南一带。即使是晋文公，他的母亲是犬戎狐姬，自己流落于狄的12年中，也娶了狄人之女——季隗。周人的祖先本来就与从事游猎的戎狄有千丝万缕的联系，只是因为从事农业而逐渐发展出不同的文化。到古公亶父的时代，由于受到戎狄的不断侵扰，不得已迁到了岐山南面一个叫豳的地方定居。据《史记·周本纪》记载，他“贬戎狄之俗，而营筑城郭室屋而邑别居之”，从此形成一个有别于戎狄文化的新的族群。自西周建立以后，周王朝不断与犬戎交战，周幽王的父亲周宣王还败给了“姜氏之戎”。所以在《诗经·小雅》里，就有了“天子命我，城彼朔方；赫赫南仲，猃狁于襄”等诗句。因此有学者认为，现存宁夏固原的秦长城，实际上是建立在周宣王时代所修长城的基础上的。

而周幽王的死则昭示着崇尚文治的“华”族与崇尚武力的“戎”族之间文化分野的加深，也昭示着双方争夺生存空间的冲突加剧。有意思的是，在犬戎攻打西周时前来救援的诸侯中，有位来自今甘肃天水一带的秦人首领，也就是后来的秦襄公。周平王东迁后，为了酬答他救助的功劳，就把他升为诸侯，治理周朝已经无力控驭的岐山以西地区，于是秦襄公就成为后来大修长城的秦朝的开国始祖。

公元前5世纪前后气候的转暖，不仅使中原的农耕民族开始了他们的技术改进和制度变革，也使草原民族恢复了活力。当中原各国开始使用铁器和牛耕来提高农业生产力、兴修水利设施来加强灌溉的时候，在北起外贝加尔、南至大漠、西起杭爱山、东抵大兴安岭的广袤区域内，草原民族不仅已经使用青铜武器，而且铁器也开始流行。在这一地区发现的墓葬中，除了上述器具外，还有大量陶器和牛羊的头、蹄，地面建有方形围墙，文明发展到较高的程度。特别是当他们进一步南下占据阴山、鄂尔多斯一带的肥沃土地之后，与农耕文明发生了接触，各个文化相近的族群终于合成一个被称为“匈奴”的北方草原民族的联盟。从此，延续了将近两千年的北方民族与中原民族之间的对峙拉开了帷幕，我们的主角万里长城也即将登上历史舞台。

在胡汉民族的交往史上，常被后人津津乐道的一件事是赵武灵王的“胡服骑射”。事实上，中原民族和地中海沿岸的文明古国一样，都是长袍加身，而他们面对的匈奴或者斯基泰人却穿裤着靴。当更加灵活机动的骑兵战术在战争中明显优于战车阵的时候，改变装束实在是一件自然不过的事。此前，赵武灵王的先人就先后灭掉狄人建立的代国（今河北蔚县），打败同样是狄人的中山（今河北中部）和林胡（今山西北部）。具有不同习俗的民族近距离相处，也使变革有了很好的基础。也许，赵武灵王变服改制的阻力主要来自恪守中原礼制的贵族，而对于广大讲究实用的下层民众来说，本来就没有太大的心理障碍。

和赵国同处北边的燕国也有类似的情形。《墨子》在《非攻》和《兼爱》篇中都把“燕、代、胡、貊”并列，可见这里的不同族群具有相近的文化。有个叫秦开的人年轻时被送到东胡去做人质，还被后者授予“勇士”的称号。后来他逃回燕国，成为大将。由于他深谙东胡的风土人情和军事虚实，于公元前300年之后率燕军击破东胡，取地两千余里，直达鸭绿江边。今天在辽宁的朝阳、沈阳和内蒙古的赤峰，都能见到典型的战国中期的燕文化墓葬。于是，司马迁在他的《史记·匈奴列传》中分别有这样的记载：“赵武灵王亦变俗胡服，习骑射，北破林胡、楼烦。筑长城，自代并阴山下，至高阙为塞……燕有贤将秦开……归而袭破走东胡，东胡却千余里……燕亦筑长城……以拒胡。”需要注意的是，游牧民族的频繁南下并不是这时的主旋律，相反，更多的是中原政权的主动出击。原来同处中原的一些戎、狄、东胡族群，就是被中原政权所迫，日益北退，最终加入以匈奴为代表的草原游牧群体之中。因此，在汉代以前，长城与其说是中原政权的一道巨大的防御工事，不如说是他们开疆拓土的桥头堡。

尽管以赵国为例，长城不仅外拒胡人，也内拒秦、魏、齐。长城的目的是拒敌，而非仅仅是针对游牧民族。但赵国和燕国东起辽东、西至五原以北的长城，毕竟成了秦朝长城的重要组成部分。不过，这一时期的此类壮举并不只是长城，可以与之相提并论的壮举还有在四川兴修的水利工程都江堰、沟通湘江和西江水系的灵渠。这些水利工程之所以够得上壮举的称号，就在于它们的影响同样是从那个时代一直延续了两千多年，惠及苍生。但是，这些地处西南的水利工程似乎无论如何也无法与横亘北方的长城发生联系，这就需要我们更多地从象征意义上去发现它们的内在关联。

其实，我们早在春秋战国时期就可以发现它们的伴生关系。在齐桓公“尊王攘夷”的时代，辅佐他成就霸业的管子非常重视农业，“开沟洫”是其中重要的方面。他曾劝说齐桓公，要设立大批负责水利的官员，因为水灾会给农业带来大害。战国时期中原的水利工程就更多了，著名的如鸿沟、郑国渠等，成为当时各国普遍“奖励耕战”的重要内容，而郑国渠、都江堰和灵渠又都是为秦所修。与此同时，长城的雏形也现身于世，这似乎并非偶然。灌溉农业对水的利用集中体现了人的强大意志，他们把江河之水分别引入人工沟渠的网络，改变它们的自然流程，农业才可能在广袤的土地上发展起来，而不只局限于一个狭小的区域之内。自然水体的改变一定导致水中生物生存状况的改变，也会导致靠水浸润滋养的地表植物生存状况的改变。这样，靠渔猎和游牧为生的民族的生存环境就必然受到影响。于是，那些“逐水草而生”的人群绝不希望江河的自然流程遭到改变，这就与发展灌溉农业的民族形成了尖锐的对立：当草原变为农田之后，牧场便不复有，反之亦然。于是，长城便具有了大堤坝的意义，保护着它以南的整个灌溉农业，后者就像坝内的农田；但实际上也保护着它以北的草原社会，后者就像坝外的江河。对水的不同利用方式造就了不同人群的不同生计方式，水利工程与长城这个军事工程就因此具有了先天的血缘联系。

公元前221年，秦统一六国。两千多年后的1974年，陕西临潼的农民不经意间发现了为秦始皇陵制造的数千尊兵马俑。由步兵、骑兵、战车和弓弩手组成的战阵，已经直观地显示了秦军的战斗力，让我们很容易想象他们在此前长平之战等著名战役中取胜的景象。于是，“秦已并天下，乃使蒙恬将三十万众北逐戎狄，收河南。筑长城，因地形，用制险塞，起临洮，至辽东，延袤万余里”[1]。

后世把秦帝国、秦始皇与长城联系起来的最脍炙人口的故事，是孟姜女哭长城。通过20世纪最伟大的历史学家之一顾颉刚的考证，孟姜女的原型是战国时齐国的杞梁妻，与秦没有任何关系，也与后来的万里长城没有关联，人们沉溺于对孟姜女凄苦命运的同情，忘记了这个故事的中心在于对帝国徭役制度的不满。事实上，中国历史上许多强势王朝的崩解，都与国家的徭役制度有关，而不在于所谓地主的剥削。其中最为典型的，除了秦朝以外，还有隋朝、唐朝、元朝、明朝等。

从战国以后，西周的分封制逐渐瓦解，个体农民获取土地耕种的代价是向国家缴纳赋税，或者向地主缴纳地租，但是他们还被要求无偿地为政府提供徭役，这当然与他们自耕农的生产方式形成冲突，不仅耽误农时，而且折损了大量的劳力，更激发了他们对社会公平的向往。譬如隋朝，不仅营建长城，还大修宫室、开凿运河、北征高句丽，数以十万计的农民长期无法从事本业，加之死亡的威胁，不得已揭竿而起。唐朝军事行动频仍，强盛时开拓西域，危急时不仅有安史之乱、藩镇割据，还与吐蕃、南诏交恶，军力动员规模很大，初唐的边塞诗、杜甫的《兵车行》《石壕吏》都是证明，这就不难理解孟姜女故事在唐朝的成型。

元朝也是个典型的代表，政府把百姓的户籍分为军、民、匠、灶、站等数种，就是为了让他们世代从事特定的赋役，不得随意脱籍，而这又被明朝继承下来。这些户的户主并不是现实中的家长，而是官府赋役花名册上缴纳赋役的代号。元末、明末的大起义之爆发，都与繁重的兵役、徭役直接相关。因此，孟姜女故事的每一次转变，不仅与大规模修造长城的朝代相关，也与那些徭役沉重的时代相连。而徭役问题的淡化，是到了清代，到这个时候，长城也不再修葺。

长城作为华夏族认同的象征，并非子虚乌有。从春秋战国到秦，中原地区的戎狄各族已被从事农耕的华夏族向北、向西驱逐，除一部分融入华夏族之外，其余部分则放弃了他们原来的农耕生计，融入北方鄂尔多斯以北或者河湟以西以游牧为生的草原民族。在秦汉之际冒顿单于崛起之后，大部分游牧部落都被统驭于匈奴之下。汉朝建立之后，这种族群的文化分野借由长城的扩建而得到强化。

汉代史学家司马迁在《史记·匈奴列传》中记录了汉文帝给匈奴的一封书信，其中说道：“先帝制：长城以北，引弓之国，受命单于；长城以内，冠带之室，朕亦制之。”汉文帝还同时下令：“匈奴无入塞，汉无出塞。”长城由此成为区别不同族群的标志。与此同时，汉朝人还为强化族群的认同做了大量的工作。比如在先秦时期只是区域性传说人物的大禹，到了汉代已被塑造成为正统的夏朝的奠基者，是代表天下的“九州”疆域的确立者，他治水的事迹已经遍布全国。而在先秦时期很少被儒家经典提及的黄帝，这时也被赋予了至高无上的地位。在《史记》中，无论是传说中的上古圣王尧、舜、禹，还是夏、商、周三代，都在司马迁建立的系谱中被确定为黄帝的后裔。于是长城就成为有这样的共同祖先的汉人族群的北部边界。

秦汉王朝的草原敌人匈奴，被认为与上古时期文献记载的猃狁（xiǎn yǔn）、荤粥（xūn yù）有族源的关系，从罗马人和印度人用来称呼匈奴的“Hun”也可看出读音上的相似。在东汉史学家班固的笔下，匈奴的特征是“……贪而好利，被发左衽，人面兽心，其与中国殊章服，异习俗，饮食不同，言语不通，辟居北垂寒露之野，逐草随畜，射猎为生，隔以山谷，雍以沙幕，天地所以绝外内也”[2]。这种文化上的鄙视固然表明了匈奴人生活方式的一些特征，但更多地体现了汉人居高临下的文化态度，并不足以让后人了解匈奴的真实生活。

考古学家们发现，今天在鄂尔多斯和河北北部发现的青铜器多为武器和马具，饰有马、鹿、虎、熊等动物的图案，大约与战国时期同时代，鲜明地表现了草原生活的风格。甚至战国时期中原青铜器风格的变化，也极大地受到匈奴艺术的影响。这种文化上的成就伴随着政治组织体系的成熟——单于、左右贤王、左右大将、左右大都尉、左右大当户、左右骨都侯……构成的权力结构，确立了匈奴在欧亚大陆中部草原上的强势地位。

公元前2世纪前期匈奴的强盛，并不仅仅体现在汉高祖刘邦被困白登（今山西大同附近），被迫以和亲换取和平，还体现在冒顿单于西击大月氏，逼迫其西迁。大月氏曾经居于祁连山与天山之间，即今甘肃西部至新疆东部一带。公元前174年前后（汉文帝初年），匈奴冒顿单于派右贤王领兵西征，击败月氏，其大部被迫逃至今伊犁河、楚河流域。公元前174年至公元前161年，匈奴老上单于协助乌孙西击月氏。月氏人再度西迁，越天山和帕米尔西部，至妫水（即阿姆河，今乌兹别克斯坦、塔吉克斯坦与阿富汗之间的界河）流域，征服了当地的大夏人（巴克特里亚人），并最终定居下来。巴克特里亚已是马其顿的亚历山大大帝的后裔所建的希腊势力的范围。按照欧洲史学家的看法，月氏人的迁徙是各族大混乱和横扫东伊朗的游牧民浪潮的标志，匈奴的这两次军事行动引起了连锁反应，使阿富汗地区失去了希腊化特征，消除了亚历山大远征给中亚地区留下的痕迹[3]。匈奴在草原上的胜利被汉武帝所终止，汉代长城的修建也主要是在汉武帝对匈奴的战争取得胜利之后。

公元前127年，卫青、李息分别率兵袭击匈奴右部，夺取河套。其后便在此设立朔方郡，修缮阴山以西的秦长城西段。公元前121年，霍去病在河西之战中彻底打垮匈奴势力，夺取河西走廊，并在这一地区先后设立武威、酒泉、张掖和敦煌四郡，相应地修建了令居（今甘肃永登）到酒泉以及酒泉经敦煌到玉门的河西长城。公元前119年，汉武帝又派卫青、霍去病等出兵漠北，再次取得大胜，阴山以东至辽东的秦长城再次得到加固。

除此之外，西汉又在阴山到酒泉的长城以北加修了一道长城，史称“外长城”，其中一部分称“光禄塞”，本身又是南北平行的两条，东起内蒙古的大青山北麓，内侧的一条折向西南，与额济纳旗境内的居延塞长城相接，外侧的一条则一直继续向西延伸，使得河套以北有三道长城为屏障。另一部分长城称为“居延塞”，也称“遮虏障”，南起今酒泉以北的河西长城，沿弱水北上，至居延泽（今居延海）与光禄塞长城相连，使得河西地区以北也有两道长城为屏障。除了加固已有的秦长城外，河西长城及外长城的修筑还具有极大的意义。

河套地区是匈奴的发源地。阴山草木茂盛，又有铜冶可制弓矢，汉初匈奴数度南下，均以此为根据地。河西走廊地处祁连山下，水草丰美，连绵的草原为游牧民族提供了良好的牧场，匈奴统一各部后，这里也是其政治、经济的中心。西汉夺取了河套和河西，在这里设立郡守，修筑长城，极大地缩小了匈奴的游牧空间。从考古发现的这一时期的匈奴文物中可以知道，更为荒凉的外贝加尔地区成为匈奴物资补给的中心。故而后者凄凉地哀歌：“亡我祁连山，使我六畜不蕃息。失我焉支山，使我嫁妇无颜色。”

汉代将势力扩展至河套与河西，不仅为都城长安增加了可以互为犄角的屏护，为丝绸之路的开辟提供了保障，也为日后中原王朝在这些地区的统治奠定了基础。1927年，在今内蒙古自治区西北部额济纳旗的汉代烽燧沿线，瑞典考古学家贝格曼因钢笔滑落，不经意间发现了数以千计的汉代简牍，即著名的居延汉简。此时以及后来陆续出土的简牍为我们展示了当时河西长城区域开发的面貌。

有一则简牍上记录这样一件事情。建武三年（27），甲渠候官粟君向居延县令起诉该县居民寇恩欠债不还[4]。诉状上写道：上年十二月中旬，他与下属令史华商、尉史周育雇佣寇恩运送5000条鱼去卖，酬劳为一头牛、27石谷子。结果寇恩卖完只交回32万钱，而且他卖鱼时借走一头黑牛拉套，现在却把牛也给卖了，拿抵佣金的黄牛来还，但两头牛价值差20

石谷子。于是粟君要求寇恩还钱80000及差价20石谷子。

县令收到诉状后，将此案移送被告寇恩的所在都乡，乡啬夫立刻询问了寇恩。寇恩的说法是：粟君原先说黄牛、黑牛虽然个头不一，但价值相当，均按60石定价，任由其挑走一头，所以不存在借牛，而是抵佣金。因为鱼没卖到40万钱，就卖掉黑牛，把32万钱交付了粟君的老婆业。寇恩和业一起去卖鱼，回来时候还为她赶车，在路上走了20多天，中途又给业买了若干肉和谷，总计谷3石、钱15600。不仅赶车工钱没算，还把一个值10000钱的大车轴、一个值3000钱的大竹筒、一个值600钱可装一石粮食的去卢、两根值1000钱的绳子等器物全留在业车上，由业带回家去了。另外他儿子寇钦为粟君捕了3个月零10天的鱼，却一直没拿到工钱，按当时雇工基本价是一天2斗谷，工钱合计应该为20石谷。市场谷价是一石4000钱，寇钦的工钱刚好与寇恩欠粟君的钱相当，所以并不存在欠债的情况。据此，啬夫判断寇恩并不欠粟君的债。粟君不服，又将此案上诉到兼有军事和行政管辖权的居延都尉府，居延都尉府下令让居延县再次详细询问。于是居延县又令乡啬夫对这事件进行复核，但寇恩依然坚持原词，啬夫便据寇恩供词再次写成文件上报居延县，居延县又如实上报甲渠候官。

此案的最终结局如何，简牍中并无记载。但我们从卖鱼的数量和连续捕鱼3个多月的时间可以看出，弱水和居延泽当时的水量还相当丰沛，构成一块巨大的绿洲。这不仅为点燃烽堠提供了丰富的芦苇和水草，更重要的是为这里延续了两百年的屯田耕作提供了灌溉的水源。

本案的主人公之一寇恩，自称是颍川昆阳人，说明他来自河南，到此地开发定居。他应是数以万计的内地移民之一。通过简牍，我们知道仅居延地区就曾聚集了约44000名开发者，而他们每年近百万石的口粮就来自这一地区的屯垦。根据本案，屯垦生产的粮食不仅要满足人们的食用，甚至还可能有余粮投入市场。

引人注目的是，从本案的司法程序来看，这个取自匈奴的边塞之地在设立郡县之后，日常管理已与内地类似，王朝制度已随机构建立，人口拓居在边疆地区扩展开来。4—6世纪曾被过去的中国史学家略带贬义地称为“五胡乱华”时期。在这一时期，以往草原上的主角匈奴已经基本上退出历史舞台，代之而起的是起源于兴安岭的鲜卑人，后者接连打败了蒙古草原上的北匈奴人和伊犁河畔的乌孙人，进一步向南威胁中原。在4世纪的中国北方，出现了由北方族群建立的多个政权并立的十六国时期，这一时期的结束者就是鲜卑拓跋氏建立的北魏。

秦汉长城作为帝国开疆拓土的标志，间隔了东汉和魏晋，到北朝时期又被再度接续，而兴修长城的发动者却是来自长城以外的鲜卑人，这便使北方民族入主中原后没有兴趣修筑长城的说法打上一个大大的问号。

北魏先后在平城（今山西大同附近）和洛阳建都，它修建长城的目的在于防范蒙古戈壁草原上的柔然。柔然大体亦与鲜卑同源，在4世纪末北魏全力向中原发展的时候，柔然趁机在当年匈奴的故地扩张势力，迅速统一漠北，在5世纪初建立了可汗王庭，而这正与北魏在平城建都同时。

有意思的是，两个同源的北方族群选择了完全不同的历史走向：一个放弃了北方故地，趁中原动荡而向汉地发展；另一个则继承了匈奴的衣钵，在北魏放弃的草原上发展势力。他们双方频繁征战，汉匈之间长期对峙的历史似乎再次重演。424年，北魏太武帝拓跋焘少年登基，柔然使其陷入50多道重围，但被后者成功击破。此后拓跋焘十多次北伐柔然，并在429年大败之，使其“国落四散，窜伏山谷，畜产布野，无人收视”。当然，这次沉重打击并未使柔然在草原上烟消云散，他们只是从并立的状态变成弱势，因此北魏及其后继者东魏、北齐和北周都相继有修长城之举。423年，北魏首次大修长城，即今独石口至包头以西，显然是为了防范柔然，但次年便发生了柔然的大规模入侵。东魏长城在今山西中北部的管涔山—恒山一线，主要也是为了防范柔然等北方民族，但防线显然比北魏时大为退缩。北齐在兴修长城方面颇下功夫，共建有五道长城，除修筑西起今陕北榆林、东至山海关的北长城外，在今山西北部、北京至河北各建有一道内城，在今山西太谷南、河南各建有一道南长城，以抵御来自南北的西魏、北周和突厥的入侵。这不禁让我们想起了战国时代，那时不仅有抵御匈奴的长城，也有列国之间互相防御的长城。北周的长城西起雁门、东至碣石，大体借了北齐长城的原址，用以防范代柔然而起的突厥。

往事越千年，我们对历史上的许多奥秘已无法确知。我们已无法真实而全面地理解不同时代的行为者采取不同做法的动机。无论如何，从北朝各代所修长城的遗址来看，其西部终点远远无法与西汉时期的长城相比，而北部一线又往往向南退缩，因此这些长城显然不同于其在秦汉时期的先驱，并不完全是开疆拓土的卫士，而是一种防守态势的产物。他们之所以对外采取防守的态势，而不积极进取，主要在于他们的国力始终没有足够强大。即使最为强大的北魏，也并未能如后世的清朝那样一统天下，从而有充足的人力、物力作为开辟“新疆”的后盾。他们在拓跋焘时代虽多次大败柔然，但始终没能将其势力从草原上彻底铲除，这很像后代的明朝之于蒙古，但与彻底削平准噶尔的清朝迥然相异。

在对待长城的态度上还可以与以后的明朝和清朝相比的，是重新一统天下的隋朝和唐朝。

隋朝于589年结束了南北朝的对立局面，但早在此前，居住在阿尔泰地区的突厥人强大起来，在552年打败了柔然，占据了整个蒙古草原。不久，突厥分裂为东、西两个汗国，前者在蒙古草原游牧，后者则占据了从准噶尔、伊犁河流域到怛逻斯河流域的广大地区。东突厥与当时中原的北齐和北周关系密切，而西突厥与拜占庭帝国多有往来，成为欧亚大陆东西两端之间的重要中介。隋朝对突厥的对策并非战争，一方面通过挑拨其关系引起内部争斗，削弱其实力；另一方面采用“严治关塞”的政策，令“缘边修保障、峻长城以备之”。

据《隋书》记载，从隋朝建立（581）到其灭亡前10年（608）之间，曾动员大批民力，7次修筑长城。其中规模最大的一次，是大业三年（607），“发丁男百余万筑长城，西距榆林，东至紫河（山西左云西苍头河）”。历次所修长城的主要走向，大致为由今宁夏灵武经陕西横山、绥德，越黄河后经山西离石北、岚县境抵居庸关，再经密云、蓟县（今北京市西南部）、卢龙至秦皇岛海边。

隋代长城多系利用前代长城旧址加以修缮，所以修筑次数和动用劳力虽多，但每次实际作业时间却很短，多未超过一个月。如开皇元年（581）、六年（586）、七年（587）和大业三年（607）各次修城，文献均明确记载为“二旬而罢”。因而其象征意义大于实际功用。

如果说隋朝的举动类似明朝的话，唐朝的方略就很类似清朝。624年，唐初社会还很凋敝，李世民就凭借他过人的勇气打败了前来示威的东突厥颉利可汗。到他即位之后，国力逐渐恢复，并在630年派大将李靖、李世勣在蒙古草原上围歼突厥，最终俘获了颉利。在此后大约50年间，东突厥臣服于唐。在和硕柴达木湖畔的一块突厥碑上这样记载：“贵族子弟，陷为唐奴，其清白女子，降作唐婢。”[5]在强大的国力基础上和主动出击、重兵戍边的战略前提下，唐太宗李世民说过这样一段话：“隋炀帝不能精选贤良，安抚边境，惟解筑长城以备突厥，情识之惑，一至于此。朕今委李世勣于并州，遂使突厥畏威遁走，塞垣安静，岂不胜远筑长城耶？”[6]熟悉清史的人会发现，这段话与1000多年后的清朝康熙皇帝不屑于修长城的话惊人地相似。隋朝不仅修筑长城，而且修筑了另一个重要的工程——大运河。这条连接钱塘江、长江、淮河、黄河与海河五条水系的人工水道，与长城一横一纵，构成两道重要的景观。

从表面上看，运河与长城毫无干系，前者是把政治中心所在的北方与作为财赋重地的南方相连接，后者则是把农耕地带与草原地带相分隔，二者的确是风马牛不相及。

隋炀帝大业四年（608），连接黄河与涿郡的永济渠开凿（图一）。永济渠主要是利用了曹魏时期开凿的白沟，引沁水，连接淇河、卫河等天然河流，通过今河北平原；北通涿郡的一段，则利用一段沽水（白河）和一段㶟水（永定河）到达涿郡郡城蓟

图一　隋唐大运河永济渠浚县段

县（今北京）南，全长1000多千米，为大运河的北段。隋炀帝开凿永济渠，是为了往辽东运送军事物资。此前一年，他曾前往蒙古草原怀柔东突厥启民可汗，后又西出玉门关，在青海重创吐谷浑，在长城以外取得优势地位。恰在启民可汗的牙帐之中，隋炀帝见到了高句丽前来突厥通好的使者，而高句丽则是当时边境上比较强大而又未与隋建立朝贡关系的唯一政权。

在北朝时期，由于中原板荡，不少人口流入高句丽，高句丽也趁机扩张实力，势力范围已达辽河流域，朝鲜半岛上的百济、新罗已无法与其抗衡，辽东的靺鞨、契丹也不能对其构成威胁。因此，当隋炀帝在东突厥那里看到高句丽使节，立刻引起警惕。隋与高句丽相互猜忌防范，特别担心东突厥与一方勾连，对另一方不利。隋开永济渠准备对高句丽用兵，就是这种形势下的产物。隋朝三征高句丽，以国内民众的反抗及高句丽的抵御而告失败，但为安定北部边疆而开凿的永济渠却在后世发挥了相同的作用。后周世宗北伐契丹利用了这段运河；明代迁都北京后以“天子守边”，也全赖运河将南方的物资北运，来保障京城和北方边镇的稳定。这条贯穿南北的运河就不可避免地与长城地带发生了联系。

今天的西安碑林博物馆中收藏有宋代的一幅石刻地图，一面是《禹迹图》，另一面是《华夷图》，两幅图为同一年（刘齐阜昌七年、南宋高宗绍兴六年，即1136）所刻，《华夷图》要晚刻三个月，也许是刻完前者之后再刻的后者。该幅石刻地图原在陕西凤翔岐山的县学，说明它的制作已经在金人的势力范围，但显然还是展现了北宋人的观念。如果二者是为相互配合而刻制的，那么可以说，《禹迹图》是显示华夏中心的地图，《华夷图》是表现“中国”即包括中心与边缘的地图。此外，二者的不同之处还在于后者刻有大量文字说明。有趣的是，在《华夷图》上，第一次出现了长城，不但华北有长城，西部的居延也有长城。对长城的标示方式是城堞上的垛口，这种方式也被我们沿用至今。有学者推测，《华夷图》很可能是根据唐朝贾耽的《海内华夷图》绘制的。但贾耽的《海内华夷图》早已失传，上面有没有长城，已无法确知。

已有历史地理学者发现，在今日尚存的宋代全国地图上，大多画有长城的标识，如保存到今天的《历代地理指掌图》是一部包含40多幅地图的地图集，几乎张张地图画有长城。他们还发现，宋代并不是一个修建长城或利用长城进行防御的朝代，但宋人的地图上却普遍出现长城，这说明宋人希望长城“活”起来，以遏胡马而雪破国之恨。

我们已不知道宋人是否希望或打算修建长城，关键是他们已不可能修建长城，因为长城地带的相当一部分从五代时就已在契丹人的控制之下。在此后的200年中，长城大多不在北宋或南宋的版图之内，但我们也没有见到辽、夏、金留下标示出他们各自长城的地图。也就是说，长城对于宋人来说，类似汴梁之于《东京梦华录》的作者孟元老。因此，他们在地图上标示长城，对他们自己来说，象征的意义大于实际的意义。

成于两宋之际的《禹迹图》和《华夷图》当然也不是具有指路意义的地图，它们好像是不同时代的中国形势示意图。事实上，这两幅图放在一起，一定有特定的意义，表现的完全是上古传说中的九州，也即“中国”或华夏中心。如果是这样，《华夷图》所展现的王朝版图或者两宋时期面临的宋、辽、夏、金并立的局面，就是比较正常的状况。即《禹贡》所描述的那个时代就是华夷并存，“南夷与北狄交，中国不绝若线”，与当时的现实非常契合。如果在这种情况下将长城绘入地图，或许是一种失落感的流露，或许只是宋人认为长城作为重要的地图标识，特别是作为区别华夷的景观标识，应该也必须被置于地图之上，当然也可能是出自官方立场的自辩。

契丹、党项、女真人对待长城的态度是怎样的呢？他们与其北朝的祖先非常不同，对长城的兴趣不大。据说辽太祖耶律阿保机曾“筑长城于镇东海口”，据判断在辽宁盖州、大连金州区一带，目的是阻碍渤海与唐的联系，其实筑城的时候（908）唐朝已经灭亡。金长城或称金界壕，规模比辽长城大多了，4～5道堑壕边堡有5000多千米，大体上说，是从今天黑龙江的嫩江边向西南方向延伸到今天河北北部，是东三省与内蒙古之间的藩篱，实与中原没有太多关系。此外，这些界壕并没能挡住蒙古铁骑，特别是其进入中原后，金长城向西防御的作用就完全丧失了。

今天山西东北部的代县，是雁门关的所在地。北有勾注山（雁门山）和恒山，南有五台山，中有滹沱河自东北山地向西南流过，从战国至秦汉一直是中原政权与匈奴交战的前哨阵地，十六国、北朝与辽金时期，这里都在北方民族政权的控制之下。赵武灵王北破林胡、楼烦，设立三郡，雁门郡是其中之一，名将李牧在此大破匈奴。西汉大将卫青、李广也由雁门关出击匈奴。勾注山制高点西陉关，古称铁裹门，自战国以来就是兵家必争之地。当地白草口亦存汉代石长城，唐裴行俭击突厥、宋杨业破辽兵都发生在这里。本地的所谓三十九堡，则是历代军事设施，明代修长城时重修其中的十二堡，号称“十二连城”（图二）。边地的战乱频仍，会严重影响人们的正常生活，但也会给一些人带来机会。由于这里有大片土地无人开垦，就会吸引人们前来垦种。在代县的峨口镇，这里的郝氏家族的族谱中，收录了清代康熙时期题为《东峨口郝家街观音庙记》的碑记，里面追述了家族的祖先在五代时期从太原迁到陕西榆林，又从榆林迁到代县峨口“聚族而居”的过程。在族谱中还记载说：“自始祖于宋初迁居峨口时，凡土著均有神庙，独客籍无庙，故建此庙，留梁记以贻后。”这里既有原来的居民，也有像郝氏一样的移民，他们往往以某一寺庙为认同的中心，用来区别和本群体不同的人群。

由于生活在战乱频仍的年代，不断壮大自己的实力便是保障生存的必要手段。繁峙中庄乡的王氏也是宋代迁到此地，据元朝皇庆元年的《王氏世德之碑》载，他们家族虽经战乱，但一直没有离开“桑梓”。到了金代

图二　雁门关长城

的时候，他们家族已是当地大族，王兆“从旁郡诸豪侠游，排难解纷，不避强御，众服其义。里人争讼，往往就质曲直；县长史而下，宁相结纳”。

本地大宋峪刘氏家世久远，到元代时已不知自己祖先的来历。在金元之交，刘会也是“志节豪迈，推重乡里”[7]。当13世纪初蒙古兵南下时，他与王兆就成为当地自治武装的首领，与蒙古人达成默契，被授以元帅之职。

代县的杨氏也采取了同样的策略。在今天代县的鹿蹄涧村，有一座规模宏大的杨氏宗祠，祠堂中超乎寻常的是正中并非祖先牌位，而是赫赫有名的杨令公和佘太君的塑像，两侧是他们的八个儿子和家将的塑像。这座祠堂的前身是杨友在元代建造的影堂，他的直系祖先名杨延兴，因此在元泰定元年的《弘农宗祖图碑》上就将杨业追为始祖。杨业先从北汉，与宋为敌，后又降宋，抵御辽军，多次在雁门一带与辽军拉锯。到了金元之交，“家世雁门马峪里人”的杨友，在蒙古攻金的时期立即降附蒙古，“迁龙虎卫上将军，镇河东北路雁门留属兼坚代永定军节度使，左领军行元帅”。这些地方势力在接受了蒙古人的委任之后，帮助后者稳定秩序，也使自己的家族和乡里的利益免受战乱的侵害。此外，杨友堂兄弟的女儿嫁给了本地在金代唯一的进士赵泰，而赵泰的外孙姚天福后来在元朝做到大都路的都总管。

这些情形说明，自五代至元，这些在边地上生活的人群与北方民族保持着密切的联系，与中原王朝之间的纽带并不牢固。为了确保本地的利益不受损害或者壮大家族势力，他们可以反复依附于不同政权。这无涉于道德，而主要与生存环境相关。在这种情况下，长城大体上形同虚设。这当然是因为辽、金、元政权并没有必要沿长城部署军事防御，同时也是因为长城沿线的地方豪强始终处在首鼠两端、伺机而动的状态。

在今天的代县，我们还可以看到另外一些似乎完全不同的历史遗迹。赵武灵王庙至少在明代就已存在，至今还能想见其当年恢宏的庙貌。明代地方志记载修建的原因为“思胡服也”，意思是纪念他倡导胡服骑射的功劳，而且“王筑城备胡，起代，历阴山，故郡人功之”，同时也为称赞他在这里开始修建长城来抵御胡人的作为。通过赵村赵武灵王庙所存的明朝万历十四年的碑，虽然碑文漫漶，我们还是可以大略知道，本乡崇祀的理由与他驱逐林胡、楼烦，修建长城有关。武安君庙，或称将军庙，是为纪念抵御匈奴的李牧所建，在代县不止一处。明代城南的庙中，“李将军貌像于中，远迩感仰，享祀殆无虚日”。在雁门关，尚存明代正德年间的《武安君庙碑记》，除了颂扬李牧当年大破匈奴的业绩之外，还感叹“我朝于代雁门设关，备匈奴，关险不固，岁数亡矣”。撰写碑文的是当时的山西按察副使张凤翃，他在碑文中发泄对朝廷的不满，认为过去都说李牧善战，但今天守兵都有，就缺乏像李牧这样的将领。

在滹沱河畔的上门王村，还有蒙恬墓，这是否是真的蒙恬墓不得而知，但在明代方志上便如此记载，说明又一位修筑长城和抗击匈奴的人物被代县纳入了历史。既有蒙恬的遗迹，便不能不提及与他相关的太子扶苏。在代县，扶苏太子庙数量更多，而且这里有一条杀子河，就是说的扶苏在这里被胡亥矫诏赐死的故事。唐人陶翰诗《经杀子谷》说到此地的杀子谷，“塞下有遗迹，千龄人共传”，可见本地早有扶苏的传说。《永乐大典》“代州”条下也有扶苏庙的记载。直到晚近，据说旧代州城以东直到杀子河的18个村落，每村都有太子庙，每年阴历六月二十是太子的诞日，每村都会拉来一头羊在赤土沟献祭。这18个村落分别属于明代雁门乡下各都与中路乡的里回都，都在县境的北部、防御的前线。

李牧、赵武灵王、蒙恬、扶苏，这些修建长城及抵抗北方民族的人物纷纷成为代州这一长城地带官方和民间信仰的神灵，似乎昭示着长城内外族群间的紧张关系。当我们发现这些神灵信仰的创造和再创造都与明代直接相关时，答案也就不言自明。

1368年，元亡明兴，但在明军占据大都之前，元顺帝率蒙古贵族及其军队退入草原，并未遭遇灭顶之灾。明太祖朱元璋深知形势的严峻，不仅将其饱受历练的几个年长的儿子分封于长城沿线，而且在《皇明祖训》中谆谆告诫后世子孙，要始终视蒙古人为首要敌人。

如今山西阳高县的百姓虽然知道许多明长城的遗迹（图三），但却未必有多少人知道，明洪武二十六年（1393）在这里设置的阳和卫，是守边的军事地理单位，当时这里的人口，大多不是军人便是他们的家属。直到清朝，这里才更名为阳高，才有了州县这样的民政建制。今天这里老百姓的红白喜事、庙会节庆，还是会请乐班来助兴。这里的乐班分为阴阳和鼓匠两类，前者自称道士，拥有做仪式的科仪书，比后者的地位高。后者在做仪式的时候，往往只能在院子的外面。从乐器的区别来看，前者侧重于丝竹，而后者才会有锣鼓、唢呐这类响器。他们自己恐怕也无从知道，恰恰是后者，或许能保留下来当年明代军礼的遗迹。这些鼓匠的演奏主要在庙会和丧葬活动中，他们的曲目有所谓八大套曲。在两者共同参加

图三　山西阳高明长城

的丧葬仪式等活动中，各个环节开始时的“安鼓”“扬幡”之类是由鼓匠操作的，“开经”“诵经”等则是由阴阳操作的。而“安鼓”的环节所奏之曲是《将军令》《上桥楼》等。也许谁都没有想到的是，这些旋律把明代军旅生活的一个侧面留到了今天。

明成祖朱棣是被分封在长城沿线的藩王之一，因此他深知防备蒙古人的重要。他除了把首都从南京迁到北京、将亲王守边改为天子守边之外，还数次亲征漠北，但效果并不十分理想，因为一旦明军主力深入草原，机动性很强的蒙古骑兵便四散逃走，使明军无法伤到他们的元气，而在明军战线拉长、兵马疲惫的时候，他们又时常前来偷袭。明永乐二十二年（1424），明成祖心力交瘁，死在了亲征蒙古回师的途中。朱棣登基之后的另一举措，是将位于今内蒙古托克托的东胜卫裁撤，这固然有当时蒙古势力暂时衰颓、缩短外部防线以减少边防成本的原因，但也因此将河套地区暴露于蒙古骑兵的直接威胁之下。这使得三关之一的偏头关更加“突出虏地”，从此蒙古骑兵进入代州更加方便，所谓“自东胜弃而平、雁剥肤，河套失而偏、老震邻矣”。这也埋下了日后在这一地带大规模修筑长城的伏笔。

不久，西蒙古的瓦剌部强大起来，暂时统一了蒙古草原上的各部。正统十四年（1449），明英宗在出征瓦剌的途中遭遇突袭，被俘于今河北怀来的土木堡，造成震惊一时的“土木之变”。从此以后，蒙古骑兵对长城以内边镇的袭击便时有发生，只是其内部经常出现争斗，使明朝遭遇的打击和侵扰不至于十分严重。

16世纪30年代，蒙古达延汗再次统一了蒙古草原。但是不久，草原上却经历了严重的自然灾害和瘟疫。达延汗之孙俺答汗继立后，请求与明朝通贡互市遭到拒绝，引起蒙古人新一轮大规模的入边，甚至一度兵临北京城下，由于时在嘉靖二十九年（1550），即庚戌年，史称“庚戌之变”。虽然自明初开始，长城的修筑便不断在局部进行，但在这两次造成严重后果的蒙古人袭之间，大规模修筑长城更成为一个重大的议题。明朝人并非不知道长城的局限性，也并非不知道其他因素的重要性。明宪宗成化年间（1465—1487）正是大规模修筑长城的发动时期，但明宪宗也认识到“将得其人，虽一旅足为万里之长城；非其人，虽重兵不足为北门之锁钥”。明孝宗弘治年间（1488—1505），陕西巡按李鸾上疏说，现在边防上各方面条件都具备，蒙古的袭击还是屡屡得手，原因在于“典兵者”的剥削、营利、巧取，这样“欲望三军生敌忾之心，边塞有长城之恃，难矣”。

我们可以将余子俊、翁万达和戚继光为代表所主持的明代后期长城修筑工程作为典型的分析案例。他们在修造长城时都是力排众议、艰难非常，结局也颇不尽如人意。反对者声称，修筑长城耗费民力、财力，这个理由具有极大的影响力，因为历史上有许多滥用民力而导致王朝崩溃的实例。然而，工程却屡屡获得朝廷的批准，原因在于，与大量屯兵来对付蒙古人侵袭或者主动出击所用的军费相比，修长城还是要省钱很多。

已有学者计算出，余子俊修长城的预算是：“役陕西运粮民五万，给食兴工，期两月毕事。”[8]5万运粮民干60天，总共300万个工作日，按当时的每日工价3分银子计算，共需9万两白银，不足延绥镇每年军费开支的1%。即便如此，余子俊因为白圭以陕西“民困”为理由反对，仍试图寻找更廉价的方法。他最后用了4万军人，“不三月而成”。但是，正如朝廷用8万大军作战要花980万两军费一样，动用4万军人修工事也未必廉价。假如以同样的比例来计算的话，4万人用两个半月，需要花102万两白银，虽比动用运粮民贵了十几倍，但还是比军费便宜得多。翁万达的第一次工程预算为29万多两，实际上只用了20万两，用了50多天，工程距离100千米，大约每米造价2两；第二次工程的预算为60万两，修造工程400千米，虽不知最后实际开销，只从预算看，每米造价就更便宜了，大约只有1.3两。考虑到嘉靖年间的物价比成化时有较大提高，所以实际造价还是与余子俊当时差不多的。

蓟镇长城就不便宜了（图四），因为它的主体不是夯土，而是砖石结构，墙体高大宽厚，如果加上空心

图四　蓟镇长城

敌台，造价定然不菲。嘉靖三十九年（1560）时唐顺之上疏谈到两种算法，一是“以派夫计之，每夫月给银二两；若派百夫，计费银二百两；而百夫筑墙，月以二丈为式”，这样每人的日工价约为6.7分银子，每米造价则在30两上下。另一是“以雇役计之，每墙一丈，费银十五两，则派夫二丈之费可得十四尺矣”，这样每米造价不到4.7两。所以唐顺之大声疾呼：“今筑征银雇募，则官得七倍之赢，民免去家之扰。”这30两与4.7两之间，约6倍的差距。到戚继光修长城的时代，虽然大量使用士兵修筑工程，势必大大降低成本，但造价已不可能比成化、嘉靖时更低，好在换来的确实是优质。在戚继光死后的万历四十年（1612），有官员看到，“边垣无岁不修，亦无岁不圮”。但是，“夫蓟门之地，非继光治兵，兵不治；非继光治边垣，垣亦不治。至于今四十年，犹曰：‘此继光之壁垒楼台也’”。

要而言之，在众说纷纭之间，为

什么倡议修筑长城者占据了上风，使得我们今天还能看到砖石结构的，配备高大敌楼、墩台、烽堠等的明代长城曲折蜿蜒于崇山峻岭之上？经济账最具说服力。蒙古人的侵袭是事实，需要长期动员兵力、耗费国力也是事实，因此相形之下修长城似乎是划算的。当时的人似乎不会相信，有什么除用兵以外的办法可以一劳永逸地解决蒙古的问题。那么，是愿意无休止地集结军队去往草原寻找战机，还是愿意以较小的代价修建长城、以守为攻？答案似乎是不言自明的。

明亡清兴，以长城御边的历史到此画上了句号，但长城及其两侧人们生活的历史却依旧延续。

后世总以清兵入关灭亡了明朝作为明朝大修长城徒劳无益的证据，但是一首《圆圆曲》及其指斥的吴三桂引清兵入关的事实，恰恰证明明朝的灭亡与长城防御是否有效无关。康熙三十年（1691），多伦会盟。由于蒙古的内附，边境线大幅度北移至漠北喀尔喀之外，大同、宣化等明代边防重镇不再处于边防线上，而是成为沟通中原与内蒙古地区的重要通道。在多伦会盟后，应蒙古部众的要求，康熙帝准许内地汉商出长城深入蒙古各地进行交易。随着越来越多的汉商日益深入蒙古各个角落，张家口等昔日的边防重镇逐渐转变为旅蒙贸易的中转站。有学者考证，至少到乾隆中叶，张家口已经成为中俄恰克图贸易的重要转运枢纽。民国时人在对口北六县进行调查时，曾发出如许感慨：“终明之世为边防重地，清由满洲入关，奄有北国，乃设张家口、独石、多伦诺尔三理事同知，以听蒙古人民交涉之事。自此烽火不兴，商农聚集，情势与古大异。盖明为屯兵之地，至清以政治统之也。”

蔚州城上的玉皇阁在康熙五十五年（1716）到五十八年（1719）再度重修（图五），出资出力的人除了地方官员、士绅之外，最大量的是本城的“铺行”，碑记题名中有95个，另外还有吉家庄和白乐这两个市集的铺行20个。而到乾隆年间，参与重修玉皇阁的商铺数达到2000家。在乾隆四十六年（1781）的重修碑记中，修缮工作的主要负责人都是商户，特别显示出蔚州所谓“四行”的重要性。

图五　蔚县玉皇阁

这四行是蔚州的主要行业，即钱行、当行、缸行、铺行，因此这次修缮的主力是四行中的钱铺4家、当铺7家、缸房2家、商铺6家。此外，在碑阴题名中除了大量钱铺、当铺、缸房、商铺的铺户名号外，还有大量其他行业的铺户，如油铺、布店、烟铺、衣铺、作房、铁铺、饭铺、纸房、菜房、篓铺、线铺、面房、饼铺、铁铺等。除了缸行、染行等行业组织联合题名外，尚有独立铺户题名236家，还有一些商人的个人题名。这种状况一直延续到清末民国时期，而且在光绪年间（1875—1908），由于玉皇阁的修缮都由商人出资，因此官府不得不明确，玉皇阁的日常管理也不再由僧道负责，而由商人主持。这些商人在公共事务上踊跃，不仅说明了他们的经济实力，而且说明他们试图通过这样的举动显示他们在地方事务上的重要地位。玉皇阁终于变成了一座商人的庙宇，而蔚州也终于完成了它向一个商埠的转变。这座庙的历史成为北方边城社会变迁的一个缩影。

每个人的心中都有自己的一座长城，但对一个民族来说，长城是天平，它衡量着这个民族的每一个成员，谁尊重历史、珍视历史，而谁忘记历史、扭曲历史，甚至成为历史的罪人。

注释：

［1］〔西汉〕司马迁.史记：卷八八：蒙恬列传［M］.北京：中华书局，1959.

［2］〔东汉〕班固.汉书：卷九四：匈奴列传［M］.北京：中华书局，1962.

［3］〔法〕勒内·格鲁塞.草原帝国［M］.蓝琪译，项英杰校.北京：商务印书馆，1998.

［4］见《居延汉简》，其下为作者译文。

［5］岑仲勉.突厥集史：下册［M］.北京：中华书局，1958：880.

［6］〔后晋〕刘昫.旧唐书：卷六七：李勣传.北京：中华书局，1975.

［7］元至元年间《刘元帅墓碑》。

［8］〔清〕张廷玉.明史：卷一七八：余子俊传［M］.北京：中华书局，1974.

本文节选自《眼随心动——历史研究的大处与小处》（北京师范大学出版社，2019年8月）一书中《长城——消逝与永存》一文，有删减。

民族熔炉

民族熔炉

山西，地处中原腹地与塞外草原的农牧交错地带，自古就是民族交融的“大熔炉”。战国至秦汉，中原王朝与匈奴在长城南北对峙数百年。魏晋南北朝时期，内迁山西的北方各民族先后崛起，相继称雄。4世纪末，拓跋鲜卑建立北魏，雄踞山西，推进汉化。其后魏分东西，延及北齐、北周，各民族水乳交融，共同发展，催生了隋唐盛世。

从东汉末年开始至魏晋南北朝的四百余年是我国历史上持续时间最长、波及范围最广的大动荡、大分裂时期。此时期军阀割据混战，少数民族大规模内迁，政权频繁更迭，各民族间或和亲通婚、和睦相处，或战马奔突、鲜血淋漓。山西不仅成为这一时期各种力量、各种政权角逐聚合的交汇点，同时也是各民族碰撞、交往与交融的中心舞台。北魏平城、北齐晋阳是北朝“丝绸之路”东端的国际大都市，中外文化交流和商贸往来空前繁荣。

“民族熔炉”系列讲座基于山西博物院基本陈列“民族熔炉”展厅，邀请专家学者为您解读山西地区民族交流与交融的“故事”。

主讲人 / 齐东方

“以礼畋狩”与艺术表现

——山西墓葬图像解读

主讲人 / 齐东方

北京大学考古文博学院教授

从历史学的角度来说，每一个地区都有自己的文化传统，但是从考古学的角度来看，山西这个地方又十分特殊。山西保存有大量珍贵的古代文化遗产，从东汉末至魏晋南北朝，这四百多年的大动荡、大分裂时期，山西不仅成为政权角逐聚合的交汇点，同时也是各民族碰撞、交往与交融的中心舞台。在这一时期，山西地区有着非常多的重要的考古发现，这些考古发现对于“民族融合——走向盛唐”这个主题来说非常重要。在中国“走向盛唐”的历史进程中，山西发现的历史文物能够鲜活地体现出特殊的意义。这里可以先举两个例子讲一下山西发现的重要文物和走向盛唐之间的关系。

山西许多重大考古发现中，九原岗北朝壁画墓当属其一。九原岗壁画墓在墓门上方绘出了一个建筑图案——门楼图，从这幅门楼图上能够看出整个北方地区不同的民族文化交融的一个节点（图一）。在河西地区、嘉峪关地区、西安地区的魏晋隋唐墓葬中也发现有类似的门楼壁画或门楼式的建筑。为什么唐代墓葬中盛行？似乎能在山西和西北地区发现重要的线索。

唐初李寿墓墓门上面绘制巨大的楼阁式建筑，这种建筑的起源应该

图一　九原岗北朝壁画墓壁画——门楼图

能够追溯到山西地区。章怀太子墓墓门上方也有类似的建筑图案，懿德太子墓阙楼仪仗图壁画中画出三处阙楼图。阙，夹门而建，是宫门前的标志性建筑，画面上楼身的平面布局为面阔三间、进深三间、周带回廊，由此可以看出，山西地区的考古发现和唐代文化之间的密切联系。唐代墓葬壁画中有一种特别现象——影作木结构，即用壁画的方式来表示建筑的空间功能，这在西安地区唐代前期墓葬中十分流行，类似的做法在山西地区可以看到更精彩的体现。比如山西太原焦化厂武周时期唐墓中画出的影作木结构比当时的政治文化中心（西安地区）画得还要出色一些。山西是全国保存地上古建筑最多的省份，山西古代有许多非常优秀的建筑家，历史传统悠久，影响首都，造就盛世。此外，山西是目前发现北朝时期外来文物最多的地区，其中有金银器（图二—图四）、玻璃器（图五），这些器物对丝绸之路的研究、南北朝向隋唐盛世的历史过渡中的外来文化的研究具有重要的价值。

山西是一个特别的地方，北魏建都平城，北齐建别都于晋阳，还是李唐王朝起兵的龙兴之地，后来建太原府，是唐代战略重地，对铸就大唐盛世功不可没。在这里，我想从考古发现狩猎图的角度来谈一谈山西地区是如何“走向盛唐”的。

墓葬壁画的礼仪要求束缚了画师，容不得自由发挥、违背主顾的要求。狩猎图却有些特别，没有固定的形式，画师的才华能得到一定的施展，因而也透露出更多的社会信息。狩猎形象相对随意，最能表达艺术家的创造，表现时代特征，可以说，狩猎图是最具艺术特色的内容。世界各种历史文化中几乎都有狩猎图，但不是在同样的话语体系中表达。那么中国古代绘画中的狩猎图像，其含义又是怎样的呢？《唐会要·搜狩》记载：“大丈夫在世，乐事有三：天下太平，家给人足，一乐也；草浅兽肥，以礼畋狩，弓不虚发，箭不妄中，二乐也；六合大同，万方咸庆，张乐高宴，上下欢洽，三乐也。”《新唐书·巢王元吉传》也载“我宁三日不食，不可一日不猎”。可见狩猎在当时人生活中的重要性。

中国发现了各种形式的狩猎图像、塑像，如果仅仅将其理解为一种生产和生活行为，无法解释在中国漫长历史中为什么会被

图二　银鎏金高足杯

图三　银碗

图四　萨珊银盘

图五　玻璃碗

反复表现。毫无疑问，它们应具有特殊的社会历史意义。“以礼畋狩”是其要表达的核心思想，而且始终与贵族的生活有关。即便发生一些演变，也可以看到创作动机未变，只是在表现形式上经历了从强调礼仪、表现场景到追求艺术的更替。

一、猎物、习武、祭祀

中国最早的诗歌集《诗经》中，描述狩猎的很多，多持积极肯定的态度，将狩猎与勇敢、忠武相联系，还渗透着审美追求及道德教化。《左传·隐公五年》载“讲事以度轨量，谓之‘轨’；取材以章物采，谓之‘物’。不轨不物，谓之乱政。乱政亟行，所以败也，故春搜、夏苗、秋狝、冬狩，皆于农隙以讲事也”。讲习大事以法度为准则进行衡量，叫作“轨”，选取材料、制作器物以显示它的文采，叫作“物’。事情不合乎轨、物，叫作“乱政”。屡屡乱政，这就是败亡的原因了。所以，春、夏、秋、冬四季的狩猎活动，都是在农闲时节进行，并借此讲习军事。在甲骨文中，王国维先生发现“殷时天子行幸田猎之地，见于卜辞者，多至二百，虽周亦然”。

从图像上看，最早的狩猎图出现于战国时期的青铜器上。河北平山战国中山鲜虞贵族墓出土的铜盖豆，共有人物九十、兽六十三、鸟二十六、鱼六，内容十分丰富（图六）。出土于四川地区的一件水陆攻战宴乐纹铜壶上，描绘了采桑、射箭、宴饮、攻占等多个场面。故宫博物院藏战国宴乐渔猎攻战纹铜壶，纹饰从上到下分为四层，刻有两百多不同的人物形象。第一层左边是射箭的场面，依次排队射击，右边部分是采桑的画面；第二层左边是宴饮歌舞的场景，有编钟、磬等乐器，右边是弋射的场景；第三层是水陆攻战的场景，执戈、矛、剑等奋力厮杀，有的正敲击钲、鼓指挥军队，左边部分架梯攻城，右边部分为水战情景，整个战争场面十分激烈；第四层描绘的是猎人捕猎的场景。

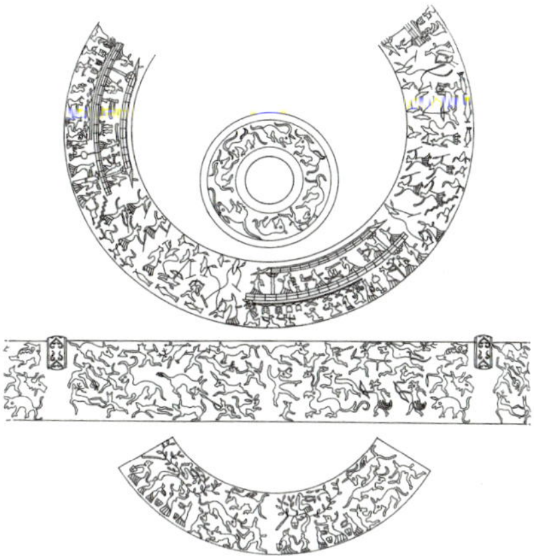

图六　中山国战国铜盖豆纹饰线图

《周礼》说贵族子弟从小就要学习“礼、乐、射、御、书、数”六艺。射礼属于军事教育，主要有大射、宾射、燕射、乡射，是举祭时以射择士的制度。射礼和狩猎，在图像上容易混淆。还有弋射场面，是用绑着线绳的箭射击猎物，射中后引线而取物，与军事关系不大。

狩猎的场面出现在青铜礼器上已经耐人寻味，甚至还成为主题纹样。那时单纯的狩猎是不被提倡的。《老子》称“驰骋畋猎，令人心发狂”，批评沉湎于狩猎且难以自拔的人。《孟子·梁惠王下》亦云：“从兽无厌谓之荒，乐酒无厌谓之亡。”战国中山国狩猎纹铜鉴上有狩猎与祭祀并存的画面，祭祀必用来自野外的猎物。至少在战国时期，猎物、练武、祭祀已经结合在一起。故《谷梁传·昭公八年》云：“因搜狩以习武事，礼之大者也。”

汉代天子四时狩猎，目的有三：一供祭祀，二供宴飨，三是借此练兵。汉代的贵族追求文武兼备。汉制中“非军功不侯”，一般的士大夫若想“跻身上流”也要尚武，否则难以进入世袭的贵族阶层。由于“礼不下庶人”，而狩猎又具有浓厚的尚武精神和礼仪性质，因此成为帝王贵族的权力。《盐铁论·散不足》中历数百姓逾制的行为，第一条就是“今富者逐驱歼罔罝，掩捕麑鷇，耽湎沈酒铺百川”。陕西榆林神木大保当汉墓画像石上雕刻着骑手在射杀狂奔的鹿、狐、野猪等，中箭的动物绘红彩以示流血，还有猎鹰捕捉野兔。司马相如的《上林赋》、扬雄的《长杨赋》都描写了汉天子游猎的盛大规模，辞繁句丽，动人心魄，讲述猎获的熊罴、豪猪、虎豹、狖玃、狐兔、麋鹿，还出现传说中的神禽异兽。那些想象中的狩猎对象，正是汉代图像中经常出现的，虽然描绘的不一定是单纯的狩猎场景，但却表现出对狩猎的想象与神化，构成了汉代的审美趣味和内容。西安理工大学西汉晚期的高级贵族墓，东壁中部和北部有宏大的骑马狩猎场景，共有九组可以独立的画面，猎人或持弓射箭，或手握长矛，所猎动物为鹿、野猪、野兔，还有策马狂奔、下马捡取动物及徒步追逐野猪的精彩场景。

汉代被笼统地称之为狩猎的图像，虽然都是人物手持兵器射杀的情景，但除了包含猎物、尚武、祭祀的意义之外，又增加了教化、向往的内容。如出现人在树下射雀、射猴的图像，实取其射“爵”、射“侯”，以达富贵之义。还有一些是表现历史故事的题材，如李广射虎，源自《史记·李将军列传》：“广出猎，见草中石，以为虎而射之，中石没镞，视之石也。因复更射之，终不能复入石矣。广所居郡闻有虎，尝自射之。及居右北平射虎，虎腾伤广，广亦射杀之。”

狩猎刺激冒险，容易激发人的斗志，通过狩猎能更好评判人的综合素质，勇敢、敏锐、智慧、果断、耐心、力量……几乎集中了人的各种优秀品质。战士潜质、将军风范、王者之气都可以在狩猎中得到显现。

大同北魏时期全家湾梁拔胡墓东壁绘大型狩猎图，表现了在崇山峻岭、旷远山野的狩猎场面（图七）。大同北魏智家堡棺板上的狩猎图和仪仗图的位置十分靠近，是和中原文化融合的一种体现（图八）。而山西九原岗北朝壁画墓则向我们展现了一幅前所未有的盛景，狩猎图在墓道壁画的中部位置，占据了画面的主体地位，上层是升天神怪，下层是仪仗

图七　大同仝家湾梁拔胡墓东壁大型狩猎图线图

图八　大同北魏智家堡棺板上的狩猎图

宿卫，是关于仪仗、死后世界的想象画面。

“以礼畋狩”的礼仪观念在北朝时期依然存在，并且一直影响到盛唐。章怀太子墓壁画中，狩猎图与出行仪仗图结合在一起，既表现礼仪活动，也炫耀高贵的身份。值得注意的是，狩猎图画面细节相对写实，和中原战国时期以来的狩猎图相比，无论在构图还是表现上都有一些变化。九原岗墓葬狩猎图细节刻画逼真，带有浓厚的游牧风尚，像是参与过狩猎的人的画作，围猎、与虎搏斗等场景，狩猎人物的动作与表情，狩猎工具等很多细节刻画得非常真实，这与以表达思想为主的纯礼仪性质的狩猎图是有区别的（图九）。与狩猎图的精准描绘相对应，绘画者对门楼图的绘制却并不十分擅长，这种建筑在实际生活中是建造不出来的，作画者的身份有可能是鲜卑人。

借狩猎之机举行礼制活动和进行军队演习，在唐代文献中均有细节描述。汇集典章制度的《唐会要》《通典》都设有专条记录。狩猎十日前要由兵部勘查、确定区域，三日前将旗帜插在各处为标志，一日前乘夜色将帅、士兵悄悄集结于各旗帜之下，天亮时皇帝率百官军士到场，待军旗号令，各骑马方阵配合行动实施合围，在鼓吹的指令下从各个方向将野兽驱赶到皇帝面前，皇帝先射，公王再射，最后轮到百姓射。猎射野兽时很讲究，以射中野兽的部位不同分上射、中射、下射，群兽不能杀尽，中箭的兽不能再射，还要不射其面。最后将猎物献于旗帜下，大兽归公，小兽归私，上者供宗庙，次者供宾客，下者充庖厨。在国家安定时期，狩猎活动的娱乐性就显得更强一些。唐太宗是狩猎的高手，《资治通鉴》记载唐贞观十一年（637）太宗狩猎于洛阳苑，突然遇到一群野猪，太宗引弓连发四箭，射死四头。有一头野猪奔到马前，将要咬到马镫，民部尚书唐俭下马近前与猪搏斗，太宗拔出剑砍死野猪。还有一些劝谏君王不要沉迷狩猎活动的记录，如《唐会要》卷二八《搜狩》载：“执失思力谏曰：‘天授陛下，为华夷父母，何得自轻？’”魏征谏曰：“愿陛下割私情之娱，罢格兽之乐，则天下幸甚。”

图九　九原岗北朝壁画墓狩猎图

但唐太宗有时会声称“今天下无事，武备不可忘”。还在《出猎》诗中说“所为除民瘼，非是悦林丛”。

二、狩猎的娱乐性与艺术特色

毫无疑问，狩猎是一种刺激性很强的娱乐活动。在没有战争发生的情况下，狩猎娱乐性更强，因此它的表现形式上就出现了更多的艺术特色。从唐代的狩猎图像中能看到北朝的影子。北朝时期狩猎图对唐代的影响表现在大型礼仪性狩猎、狩猎真实瞬间的刻画、助猎的动物等三个方面。大型礼仪性狩猎在前面已经提到，这里主要说说后两部分。

狩猎真实性体现在精彩的瞬间。对比九原岗狩猎图和唐代章怀太子墓壁画狩猎细节，可以看到二者都注重狩猎真实瞬间的刻画（图一〇）。狩

图一〇　章怀太子墓围猎图

猎题材不仅出现在壁画中，而且出现在陶俑和器物上。如河南洛阳偃师杏园502号唐墓的菱花镜，是生活实用器物，上面便有狩猎图。何家村出土的唐代鎏金仕女狩猎纹八瓣银杯、高足杯也有狩猎图，刻画了各种动物的真实形态，以敏锐的洞察力捕捉到了人物和动物的独特的动作、情态，增添了情趣表现和审美追求（图一一）。杯上的狩猎图可以旋转观察，就像是徐徐展开的卷轴画，有步步惊喜之感。狩猎的陶俑也很生动，唐代诗句中的“翻身控角弓”“鸣鞭走马又翻身”“翻身向天仰射云”被形象地塑造了出来，极度地炫耀以及形式的完美，突出了一种生活时尚的感觉，甚至还有女性狩猎的飒爽英姿，狩猎原有的礼仪性质已经淡化甚至消失。

助猎动物的出现很早，但种类不多。北朝时期出现的助猎动物，有训鹰犬，如九原岗壁画中有训鹰犬逐兔的场景。唐代助猎动物的种类增多，陕西懿德太子壁画中出现了人与猎狗、猎鹰、豹子在一起的画面，许多陶俑也携带助猎的动物（图一二）。这在文献中也有记载，《新唐书·百官志二》载：“闲厩使押五坊，以供时狩：一曰雕坊，二曰鹘坊，三曰鹞坊，四曰鹰坊，五曰狗坊。”这就是专门设立的机构，以训练为皇帝和贵族助猎的动物。

狩猎图还与外来文化有关。西

图一一　鎏金仕女狩猎纹八瓣银杯

图一二　唐懿德太子墓壁画

方古代的狩猎图在表现人的观念时与中国不同，多绘制生命树等中心极度对称的构图，沙坡村高足杯上的狩猎图便出现了西方的这种构图。还有在太原发现的隋代虞弘墓，石椁上表现异域风情的艺术内容和形式令人惊叹不已。其中有很多异域胡人骑骆驼、骑象与狮子斗争的场面（图一三）。

关于虞弘墓中的艺术形象，很多学者都会从粟特文化的角度去考察，在我看来，虞弘墓图像中的波斯艺术风格则占据了更加主要的画面。人们与狮子之间与其说是狩猎，不如称之为“搏斗”。在波斯祆教中，“黑暗与光明之争”是永恒的主题，而石椁中牛、飞马、狗、象、骆驼与狮子的搏

图一三　虞弘墓狩猎图

斗正是这种主题的反映。虞弘墓志载，虞弘为“鱼国尉纥驎城人”，其祖父任鱼国领民酋长，父鱼君陁，转仕柔然。虞弘十三岁时就代表柔然出使波斯、吐谷浑等国。关于虞弘的族属和国别，学者们有不同的意见，如稽胡、大月氏、柔然、鲜卑、马萨格泰、粟特等。但从虞弘墓石椁图像总体风格和主要取向来看，主要受波斯文化的影响。北魏封和突墓萨珊狩猎纹银盘也是这一题材的重要发现。大量考古实物证明，山西地区在唐代之前通过丝绸之路和西方之间的联系应该是最多的，其中波斯就是很重要的地区。

狩猎题材的图像、塑像等在古代世界各地都很流行（图一四、图一五），梳理中国战国到唐代狩猎题材的演变，不仅可以了解不同时期的礼仪制度、军事训练、贵族生活、祭祀饮食，而且可以研究中外文化交流的内容。古代山西地区是胡汉相融的重要舞台，山西的考古发现，不仅可以探讨中国古代狩猎与搏斗图像的渊源、演变、艺术特色，也将告诉我们中国历史是如何“民族融合——走向盛唐”的。

图一四　唐金乡县主墓出土带猞猁、豹狩猎俑

图一五 （唐）狩猎纹印花绢

主讲人 / 罗　新

内亚视角的北朝史

主讲人／罗　新
北京大学历史学系中国古代史研究中心教授

唐初编纂《北史》和《南史》，北朝和南朝的史学概念即由此定型[1]。唐人所说的北朝，是从北魏建立到隋朝灭亡的各个北方王朝的合称。但也许因为隋朝实现了西晋之后中国的第一次统一，所以后人倾向于把隋朝从北朝分离出来，因此现代历史学所说的北朝通常排除了隋朝，北朝就是指北魏建立之后和隋朝建立之前的北方各王朝（386—581）。在北魏建立之前的中国北方，还有一个与北魏有部分重叠的历史阶段，即十六国（304—439）。这个阶段在北魏建立之前已经存在，其中许多国家还与北魏并存了很长一段时间，最终被北魏所吞噬。甚至可以说，北魏前期的历史本来就是十六国历史的一部分，北魏中后期的历史又是十六国历史的延续和总结。因此现在说北朝史，往往也隐含着兼指十六国史的意思。

十六国时期在中国北方建立各类政权的那些族群，绝大部分和建立北魏的拓跋鲜卑一样，是源于内亚（Inner Asia）的阿尔泰语人群（Altaic Peoples），其中主要是说古突厥语（Old Turkic）和古蒙古语（Proto-Mongolic）的各群体，当然还有氐羌系统的多个人群。他们迁入长城以内或靠近长城地带，已经有很长的历史了，甚至可以追溯到东汉前期，其中更有相当一部分早已深入到中原政权的腹心地区。这些人群先是作为魏晋王朝统治下多人群社会的个别单元而存在，在西晋末年的政治动荡中扮演了直接推翻西晋朝廷的角色。正是这些有鲜明部族特征的军事和政治力量，把晋朝的政治和军事存在驱赶到了江淮流域及其以南的南方中国，由此开始了北方中国的十六国时代。十六国以及紧随其后的北朝的一个突出特征，就是建立政权的群体、各政权统治集团主要成员，其族群背景多与内亚阿尔泰人群有关。

这些进入长城以南的内亚人群及其后裔，基本上都没有退回到草原上去，而是变成了农耕定居地区的人口，成为北朝末年开始的获得具有族群意味的“汉人”的一部分。很多中国现代历史学著作，常常把十六国北朝称作“民族大融合”的时期，就是强调这三百多年历史的一个重要内容，即各人群的深度接触，其表现形式是不同人群集团的崛起、征服、被征服，其社会后果则是许多族群认同的消失以及新认同、新群体和新文化的出现。

内亚人群不仅在政治上主导了这一历史过程，而且正是他们主动的文化选择，形塑了北朝和隋唐“汉人”的文化面貌。源于北朝内亚成员的后裔，成为随后数百年的“汉人”社会里的精英阶层。因此，13世纪的胡三省在议论这一过程时，万分感慨地说：“呜呼，自隋以后，名称扬于时者，代北之子孙十居六七矣。氏族之辨，果何益哉。”[2]他说的“氏族之辨”，其实就是“华夷之辨”[3]。

不过必须注意，当时和后世的历史学家，几乎全都是持中华文化本位立场的，他们当然会赞扬源自内亚的征服者和统治者们在文化上的选择，同时也会批评那些保持内亚传统的企图和努力。因而，历史文献中的十六国君主们就会给人“虽非中国人，亦多有文学”[4]的虚假印象，而且在北朝史籍中，对华夏人士及其家庭的记录明显地占有不合适的篇幅比例。这样的历史写作立场，势必忽视甚至有意遮蔽十六国北朝历史中的内亚因素。而基于这样的历史资料，后世的历史学研究也势必会强调华夏传统对内亚传统的天然优势，描绘出华夏文化成功地征服内亚征服者的历史图景。

毫无疑问，北朝是中国古代史的一部分。然而，同样不可否认的是，北朝历史包含有丰富的内亚因素，北朝史有相当一部分是与内亚史相重叠的，甚至可以说北朝史也是内亚史的一部分。

因而，从研究路径的选择来说，对于北朝的研究，可以有两个取径：一个是从汉唐历史连续性的角度，也就是华夏本位的角度来研究北朝，这一取径的基本立场是——北朝史是中国史的一部分；另一个则是从汉唐间历史断裂的角度，关注内亚与华夏两个传统间的遭遇、冲突与调适，也就是从内亚史的角度来研究北朝，这个取径的基本立场是——北朝史也是内亚史的一部分。

不难理解的是，传统历史学对于北朝的研究，基本上都采取了华夏本位的立场，这个立场并不否认内亚因素的进入，但强调华夏传统的发展，其方向、速度和强度并不因内亚因素的干扰而有太多改变，而且正是因此才使得突兀插入的内亚传统最终消失。陈寅恪先生在《述东晋王导之功业》一文中，热情称颂王导和辑主客侨旧，“民族因得以独立，文化因得以延续”[5]，关注点正是华夏传统的存续发扬。在《隋唐制度渊源略论稿》中，陈寅恪先生考察隋唐制度的三个主要来源及其整合过程，有力地论证了汉唐历史的内在连续性[6]。这种连续性经唐长孺先生著名的“南朝化”理论阐述之后，更加呈现出历史学的纵深感和层次感[7]。

胡宝国先生总结过“南朝化”与“北朝主流论”的问题，他对“南朝化”的总结非常简明扼要：“唐长孺先生的解释是，十六国北朝时期，由于建立政权者是少数民族，所以带来了重大的社会特殊性。但它必将随着这些特殊历史条件的消失而消失。唐代的变化，正是随着这些特殊历史条件的消失而产生的。也就是说，南朝化的过程就是北朝特殊性的消失过程。”[8]正如胡先生所注意到的，牟发松先生认为北朝是中国历史上不正常的一个阶段，是一段偶然的历史曲折，北朝完成统一只是由于军事优势，历史最终要回归于南朝所代表的历史进程[9]。特殊的历史，不正常的历史，对十六国北朝史的这种定位，取决于、又规范了研究路径的选择。

值得注意的是，与“南朝化”理论明显关注点不同的有所谓“北朝主流论”，这一派的学者高度重视北朝历史的重要性，特别是在与南朝历史相比较的时候。田余庆先生说：“从宏观来看东晋南朝和十六国北朝全部历史运动的总体，其主流毕竟在北而不在南。”[10]这是“北朝主流论”最早、最鲜明的表述。这个说法多少会使人联想起陈寅恪先生那句颇有浪漫主义色彩的历史论断：“取塞外野蛮精悍之血，注入中原文化颓废之躯，旧染既除，新机重启，扩大恢张，遂能别创空前之世局。”[11]田余庆先生关注的是政治史的线索，陈寅恪先生则是从“活力”意义上重视北方人群加入中国历史的深远影响。沿着“活力”这个思路，近年来阎步克先生在研究南北朝官僚等级制度和皇权发展时，多次强调十六国北朝非汉魏传统诸因素的重大影响，提出了著名的“北朝历史出口说”[12]。在2012年发表的《论北朝位阶体制变迁之全面领先南朝》一文中，他再次申论“北朝异族政权的特殊政治结构，进而又为帝国体制的复兴提供了更大动力”。在他看来，非华夏传统的内亚人群成为华夏传统复兴的主要承担者，“北朝军功贵族与异族皇权的结合，使北朝成为帝国复兴的历史出口，进而带动了一系列的制度演化”[13]。

尽管看起来对北朝史的评价有上述的对立或差异，但显而易见的是，无论是认为十六国北朝有着偶然性或特殊性的学者，还是强调北朝历史重要性或持久影响的学者，其思考的出发点同样都是中国史，都以中国史发展线索的探寻为终极目标。从中国历史本位立场出发，不管是南朝化理论、北朝主流论，还是北朝历史出口说，都是为了把十六国北朝适当地嵌入汉魏与隋唐历史之间。可以说，迄今为止南北朝史研究所取得的最重要的成果，主要都属于上述的华夏本位取径。

与“北朝是中国史的一部分”相对应，如果持“北朝也是内亚史的一部分”的立场，那么北朝史的研究就会呈现另一种景象和另一种关怀。必须说明，即使在世界史的范围内，中国史的巨大权重岂是区区内亚可比拟的。属于内亚世界的北朝史，无论从史料提供的可能性还是研究者所期待的发展前景来说，都是有限度的、不可夸大的。不过，既然在这里我要谈“内亚视角的北朝史”，不得不“为赋新词强说愁”。让我们看看，采用了内亚史视角的北朝史，应该或可能是什么样子的。

其实，北朝时代的学者已经意识到，发生在他们生活现实中的许多问题，其源头并不在汉魏的华夏社会。颜之推《颜氏家训》比较南朝、北朝妇女在家庭及社会事务中的作用时说：“（北齐）邺下风俗，专以妇持门户，争讼曲直，造请逢迎，车乘填街衢，绮罗盈府寺，代子求官，为夫诉屈，此乃恒代之遗风乎？”[14]所谓“恒代之遗风”，也就是北魏孝文帝迁洛以前在平城地区的风俗。而平城地区的风俗，很大程度上就是内亚草原社会的风俗。颜之推发现，妇女在家庭和社会事务中如此强势和活跃，应该不是汉魏华夏社会的传统，因此邺下风俗必定另有来源。来源何在呢？生活经验提示他，只能到恒代鲜卑传统中去寻找。这就把北朝的当代研究与内亚历史传统联系到一起了，具有了内亚的视角。《三国志》注引《魏书》说乌丸“怒则杀父兄，而终不害其母……故其俗从妇人计，至战斗时乃自决之”[15]，与乌桓文化传统语言风俗十分接近的鲜卑社会亦大致如此。如果颜之推沿着这个思路进一步去研究恒代遗风及其内亚渊源，那么他就是在进行有着内亚视角的北朝当代史研究了。

朱熹在《朱子语类》里的“唐源流出于夷狄，故闺门失礼之事不以为异”[16]，因陈寅恪先生在《唐代政治史述论稿》开篇的引用而为人熟知。朱熹这样说，可能是为了解释唐、宋之不同。陈寅恪先生引用这句话，则是为了给李唐统治集团寻找北朝源头，以建立其文化史观的基本概念[17]。他们并不关心内亚史，但都把内亚因素纳入到了北朝和隋唐历史的解释之中。“闺门失礼”是不是颜之推所说的“恒代之遗风”呢？依据文献资料似乎还难以得出这样的结论。这种到内亚传统中去寻找对北朝历史现象的解释，却又缺乏真正意义上的内亚关怀的，并不是我所说的“内亚视角的北朝史”。同类的例子还可以再举两个。

第一个是均田制研究。唐长孺先生在探讨北魏实施均田制的社会经济背景时，把拓跋鲜卑游牧时代的经济制度、牧地所有权观念，看作北魏“计口授田”的基础，是均田制得以实施的重要条件[18]。王仲荦先生也持几乎一样的看法[19]。他们把均田制的源头追溯到内亚游牧世界的牧场所有制观念与制度，所谓“前封建公社制度”，目的只是给北魏均田制的出现找到一个历史解释。可是，从现代人类学的游牧社会研究和游牧经济研究的角度看，这样的历史联系似乎是难以建立起来的。问题不在于这一联系是否最终可以建立，而在于内亚所扮演的角色，遥远而模糊的内亚仅仅承担了对北朝某一历史问题的解释责任，而这一解释却不能帮助我们对内亚的历史与传统有更清晰的认识。因此，这样的研究实例即使是成立的，也不能算作“内亚视角的北朝史”。

第二个例子是专制皇权。前举解释中国历史上皇权体制一再振作的“异族活力说”，把内亚征服者自身原有的军国体制当作“异族入主带来的制度变迁”[20]的重要动力，而内亚军国体制及其传统的具体内容究竟是什么，并不为这类研究所关注。和均田制一样，内亚因素在这里仅仅承担了解释北朝历史的责任，而内亚因素的理解却并未因此变得更清晰、更丰富。现代内亚研究者对游牧政治和游牧军事的研究，似乎也难以为内亚征服者在所征服地区施行的政治制度提供足够有效的说明。事实上，历史时期内亚游牧征服者在不同定居社会建立的政权，其制度形态多种多样、各不相同，与其说这些政权相互之间有什么相似和一致，还不如说它们与各自所在的定居社会此前的政权形态有更密切的关联。这种临时地征召某一尚不明确的内亚传统来为北朝某一历史难题遮蔽风雨的做法，当然不能算是“内亚视角的北朝史”。

内亚视角的北朝史，应该是通过对北朝某一问题的研究，而从某一角度或在某一局部照亮内亚史，从而丰富我们对内亚传统的认识。在欧亚大陆各主要区域里，内亚的史料最为稀少，而且通常也不是内亚世界以自己的语言制作的，这种情况在7世纪以前尤为突出。可以说，研究早期（北朝及以前）内亚的东部地区，汉文史料占有垄断地位。这是内亚史与中国史长期发生交集、相互重叠的结果。这些汉文史料被制作并保存于定居社会，凝聚着定居社会的文化价值与文化偏见，本来就是为叙述定居社会历史服务的。研究内亚，不得不在这样的史料中爬梳披检。从这个意义上说，内亚史与中国史发生深度重叠的时期，通常就是内亚史料较为丰富的时期，北朝便是其一。那些具有内亚视角的北朝史研究，就为内亚史作出了贡献。试举例说明如下。

何德章先生的《“阴山却霜”之俗解》[21]，是有关理解北魏前中期历史线索的一篇重要文章。《宋书》记北魏“其俗……六月末率大众至阴山，谓之却霜”[22]。何德章先生分析指出，这里所谓的“俗”，并不是一种古老的风俗，而是在道武帝和明元帝时期出于军事和经济目的所进行的连年巡游，二十多年之后竟变成一种风俗、一种国家典制。阴山地区是北魏抗击柔然的战略要地，而北魏与柔然的争斗正是这个时期内亚舞台上的主要戏目。随着阴山却霜蜕变为一种风俗和仪典，对于北魏国家来说，阴山本身也失去了往日的军事和经济意义，意味着北魏的内亚权重进一步衰退了。借助这一考察，内亚各政治体的所谓风俗与传统，在“阴山却霜之俗”的演变中也显露出“政治—文化—经济”与“现实需求—文化传承”各自复杂纠结的一面。文章的主旨是研究北魏的政治重心如何渐次南移，从内亚史观点看，这正是拓跋鲜卑如何淡出内亚游牧世界的过程，也就是拓跋政权的内亚性逐渐衰减的过程。虽然内亚史与中国史之间的重叠从未消失，但内亚性与中国性两者各自所占的份额却在发生逆转，考察这种逆转也是非常有趣的内亚史问题。

田余庆先生有关北魏“子贵母死”制度的研究，现在已经是北朝史的经典个案[23]。和“阴山却霜”一样，子贵母死的发生，是现实利益格局冲突挤压的结果，是一个政治选择，但后来竟形成一种类似风俗、或被某些人宣称为古老制度的拓跋传统。落实在历史叙述上，子贵母死给人的表面印象，似乎是一种内亚的部落遗俗。田先生的研究就是揭去这个拓跋传统的文化外衣，通过考察北魏国家早期君主权的确立与稳定过程，把早已沉没于时间长流中的乌桓与母族因素挖掘出来，使得看起来并无波澜的拓跋统治权之建立不再那么理所当然。由此，内亚历史的这一部分，即内亚拓跋政治体发育、提高和稳定的历史，呈现出惊涛骇浪的面相。文章对于拓跋部早期君位传承中后妃的作用及后妃所出部族背景的研究，前所未有地表达出内亚草原时期的拓跋集团政治发育与社会发展交织互动的历史，为理解内亚游牧社会政治体从部落向酋邦、从酋邦向国家的演进过程中，政治权力如何集中、如何凝固、如何传承，提供了一个具有示范意义的案例。应该指出，田先生收入《拓跋史探》的各篇文章，大都是具有内亚视角的北朝史研究范例，尽管他的动机并不是研究内亚史。

近十多年来，我自己开始把学习范围从传统的中国中古史扩大到内亚史，逐渐意识到中国史与内亚史二者间的重叠交叉不仅是研究者扩大视野的机会，而且也是一个相当严峻的挑战，因为对重叠历史的研究，既可能同时有所贡献于两个不同的学科，也可能因为不符合其中一个学科的规范和要求而显得生硬简率和不伦不类。比如说，中国史和内亚史都对语文学（Philology）训练有极高的要求，要同时满足这些要求当然是非常困难的。尽管如此，对于研究与内亚史相重叠的中国史的从业者来说，具备内亚史的部分知识和学科自觉还是非常重要的。这里所说的学科自觉，就是主动学习内亚史，并在研究中不仅以中国史的传统和标准来要求自己，也以内亚史的技术规范和学科目标来鼓励和约束自己。我对北魏直勤制度的研究，对北族名号与姓名的研究，大体上都是在这样的思路下完成的。

不消说，内亚视角的北朝史加入之后，北朝史变得更丰富更立体了。然而意义还远不止于此。我们前面说北朝史是中国史的一部分，同时北朝史也是内亚史的一部分。中国史与内亚史的这种重叠交叉当然不是偶发的、孤立的，而是贯穿全部中国历史的。新清史所引发的“清朝是不是中国”的争议（当然这样的争议事实上脱离了新清史的学科关注点，一定程度上是非学术的），容易给人一个错觉，似乎清代历史在中国历史中十分特殊，与其他历史阶段迥然不同。其实，中国历史中差不多一半的时间内都存在类似清朝的问题，而另外一半时间中国史又与内亚史有着无法切割、不可分离的重叠。

内亚史自成一个历史系统，它绝非必须依附于中国史才能成立，这是没有疑问的。但是，内亚史从来就没有、或绝少有可能不与中国史发生或浅或深的接触、交叉乃至重叠。完全脱离了中国史的内亚史，甚至不可能被记录、被叙述、被了解，而成为永久消失了的过去。同样，中国史从来就没有缺少过内亚因素的参与，这种参与有时甚至决定了中国历史发展的方向。因此，争论“清朝是不是中国”“元朝是不是中国”“辽是不是中国”“金是不是中国”“西夏是不是中国”“十六国北朝是不是中国”，还有什么意义呢？所以我们必须看到，这些争论是非学术的，不应出现在我们的讨论中。

新清史讨论最重要的成绩之一是开启了内亚视角的清史观。虽然中国历史中的所有时期都有内亚因素的参与，但存在着强弱轻重的差别。如果我们把中国历史中的内亚因素称作“内亚性（Inner-Asia-ness）”，那么不同时期的内亚性是不均匀的。十六国北朝、辽、金、西夏、元、清，当然是内亚性最为强烈的时期，但秦、汉、唐、宋、明这些时代里，内亚性也一直存在，甚至有时候还相当重要。同时，即使在内亚性最为强烈的那些王朝，在不同时期、不同地域内，内亚性也有着不均匀的分布。比如，清初和清后期，内亚性就有很大的强弱之别。中原腹地及以南的地区，其内亚性就远不如东北、华北北部和西北广大地区鲜明强烈。分析不同时期、不同地域内亚性的强弱变迁，对理解中国历史来说，可能就如欧立德（Mark C.Elliott）所说的那样，“忽然捕捉到来自过去的新频率，发现过去的另一种声音，等于发现了一种新的音乐”[24]。

前述对北朝史方法论的探讨告诉我们，内亚视角的中国史，要求有更多的研究者深入了解内亚，而不是站在长城上向北手搭凉棚眺望一番而已。有了这样的方法论自觉，加上大量具有内亚视角的历史个案研究，可以期待，欧立德所说的“使得之前受压抑的声音、被隐藏的叙述，逐渐地浮出台面”，就不仅仅发生在清史这一个领域，还会贯穿全部中国历史的各个时期。

注释：

［1］北朝和南朝的说法最初出现在南北朝后期，那时南方不再称北方为“索虏”，北方也放弃了对南方“岛夷”的詈词，而以南朝、北朝的说法委婉地承认各自政权的合法性。

［2］〔北宋〕司马光.资治通鉴：卷一〇八［M］.北京：中华书局，1956：3429.

［3］陈寅恪先生《唐代政治史述论稿》上篇题曰《统治阶级之氏族及其升降》，后又有多篇文章考证李唐皇室之氏族、李太白之氏族，他所说的“氏族”正是胡三省“氏族之辨”的氏族。

［4］〔清〕赵翼著，王树民校证.廿二史札记校证［M］.北京：中华书局，1984：164-165.

［5］陈寅恪.述东晋王导之功业［M］//金明馆丛稿初编.上海：上海古籍出版社，1980：48-68.

［6］陈寅恪.隋唐制度渊源略论稿［M］.北京：中华书局，1963：1-3.

［7］唐长孺.魏晋南北朝隋唐史三论［M］.武汉：武汉大学出版社，1993：486-491.

［8］胡宝国.关于南朝化问题［M］//虚实之间.北京：社会科学文献出版社，2011：80-88.

［9］牟发松.略论唐代的南朝化倾向［J］.中国史研究，1996（2）.

［10］田余庆.东晋门阀政治［M］.北京：北京大学出版社，2005：296.

［11］陈寅恪.李唐氏族之推测后记［M］//金明馆丛稿二编.上海：上海古籍出版社，1980：303.

［12］阎步克.波峰与波谷——秦汉魏晋南北朝的政治文明［M］.北京：北京大学出版社，2009：240-245.

［13］阎步克.论北朝位阶体制变迁之全面领先南朝［J］.文史，2012

（3）：199–220.
[14] 王利器.颜氏家训集解：增补本[M].北京：中华书局，1993：48.
[15]〔晋〕陈寿.三国志：卷三十：乌丸传[M].北京：中华书局，1982：832.
[16] 黎靖德.朱子语类：卷一三六[M].北京：中华书局，1986：3245.
[17] 陈寅恪.唐代政治史述论稿[M].北京：生活·读书·新知三联书店，1956：1–19.
[18] 唐长孺.拓跋国家的建立及其封建化[M]//魏晋南北朝史论丛，北京：生活·读书·新知三联书店，1955：206–227.
[19] 王仲荦.魏晋南北朝史[M].上海：上海人民出版社，1979：520–525.
[20] 阎步克.论北朝位阶体制变迁之全面领先南朝[J].文史，2012（3）：220.
[21] 何德章."阴山却霜"之俗解[C]//武汉大学历史系魏晋南北朝隋唐史研究室.魏晋南北朝隋唐史资料.武汉：武汉大学出版社，1993（12）：102–116.
[22]〔南朝梁〕沈约.宋书：卷九五：索虏传[M].北京：中华书局，1974：2322.
[23] 田余庆.北魏后宫子贵母死制度的形成和演变[M]//国学研究：第5卷.北京：北京大学出版社，1998.
收入《拓跋史探》，北京：三联书店，2003年初版，修订本于2011年出版，此文载修订本第1–51页。
[24] 欧立德（Mark C.Elliott）：满文档案与新清史[J].故宫学术季刊，2006，24（2）：1–18.

主讲人 / 韦　正

北魏平城时代的南北文化交流与对比

——从司马金龙墓说起

主讲人／韦　正
北京大学考古文博学院教授

都城形态、墓葬制度、佛教艺术等方面的情况共同表明，北魏平城时代南北方文化都已经基本摆脱汉晋文化窠臼而建立了自我特性，这为北魏洛阳时代南北文化的大交流，乃至隋唐时期南北文化的最终融合打下了基础。山西大同北魏司马金龙墓的发现引人瞩目，但其中反映北朝南北文化交流的文物并不多。而且，北魏平城时代的早中期，南北文化交流也不算频繁；只是到了北魏平城时代的晚期，北方文化才受到南方的有力影响。尽管如此，南北文化的独立性相当鲜明，这种状况促使我们有必要对南北文化的发展途径和状况进行细致检查。在此，我希望能以司马金龙墓为切入点，探讨南北方文化的交流，既把司马金龙墓考古发现放诸北中国平城时代，同时也要将它放置于南北文化交流与对比的视角甚至国际视野下探索这一发现的重要价值。

一、司马金龙墓对北魏平城时代南北文化交流的反映

司马金龙墓是北魏琅琊王司马金龙夫妇合葬墓，位于山西省大同市，1965—1966年发掘。该墓为砖砌多室墓，墓室总长度近18米，加上墓道全长超过45米，由墓道、前室、甬道、耳室及后室五部分组成。前室、后室、耳室平面近方形，四角攒尖顶，墓壁外弧。前室长4.56米，宽4.43米；后室长6.12米，宽6.01米。石棺床位于后室，由细砂岩石板组成，棺床面板雕有精美图案，有力士、伎乐、龙虎、凤凰等形象。墓室由特制铭文砖砌筑，砖侧有“琅琊王司马金龙墓寿砖”铭文。墓内还出土墓志三件，司马金龙墓表（图一）和墓志铭均为碑形，文字基本相同。夫人姬辰墓志为方形，两面均有文字。碑形墓志保留了墓碑的形式，不同于北魏流行的方形带盖墓志，是一种相对较早的形制。根据墓志文字可知，墓主人司马金龙为彭城王司马馗的九世孙，司马馗是晋宣帝司马懿之弟。司马金龙之父司马楚之原为东晋皇室近亲兼高官，后投靠北魏王朝，受封琅琊王，娶河内公主。司马金龙死于太和八年（484），其夫人姬辰为鲜卑人，死于延兴四年（474）。墓葬虽早年被盗，仍出土大量随葬品，包括陶俑和动物模型、日用陶器、瓷器、铁器、漆木器残片、木板漆画、石砚、石雕柱础等。其中以木板漆画和石雕柱础（图二）最为珍贵。墓内出土陶俑300余件，有甲骑具装俑、武士俑、女俑、牵驼胡人俑等（图三），还有马、牛、羊、猪、狗、鸡等动物模型。陶俑服饰和同墓中出土的毡帐模型反映了鲜卑民族特色。石雕柱础共发现四件，与木板漆画都集中在后室，推测原来应是一座屏风，放置在棺床前面。石雕柱础通高16.5厘米，上部为鼓状覆盆形，饰有蟠龙和覆莲；下部为方座，方座四周有浅浮雕忍冬纹和伎乐童子形象。其中两件还在方座四角各雕一个立体伎乐童子，表情生动，栩栩如生。从汉代至北魏，原本拘泥于平面的塑造艺术开始走向立体

图一 | 图二

图一　司马金龙墓表
图二　石雕柱础

的圆雕，司马金龙墓中出土的石雕柱础在当时整个中国范围来看，体现了高超的艺术成就。石雕柱础造型优美，雕工精细，是北魏社会生活场景的写照。司马金龙墓的发掘，为研究北魏时期社会文化状况提供了重要的实物资料。

司马金龙墓屏风漆画自出土后就轰动一时，并且成为首批64件禁止出国（境）展览的文物之一。

画史材料表明，魏晋南北朝是中国古代绘画发生质变的时期，这个质变首先是在南方发生的，推动这个质变的主要人物是东晋的顾恺之。顾

图三 穿虎贲的陶俑

恺之传世画作有好几种，但真实性如何，以往一直不能恰当地解决，其原因主要在于同时期的画迹发现甚少。大同北魏司马金龙墓漆画屏风出土后，被普遍认为更有助于推想顾恺之画迹原貌。司马金龙是东晋皇室成员后裔，其家族在东晋末年顾恺之活动的主要年代从南方逃亡到北方，这个特殊身份和经历使屏风漆画也蒙上了特殊性质。司马金龙墓木板屏风漆画的题材为列女孝子故事，其中部分题材和构图与传顾恺之的《女史箴图》《列女仁智图》相同。这两个原因，促使人们将司马金龙墓屏风漆画与顾恺之联系在一起，即便不认为屏风漆画与顾恺之有直接关系，也认定屏风漆画为南方画风，是受到南方影响的结果，甚至认为屏风为司马楚之北逃时携带而来的。这个认识的前提是北方地区不具备产生这种画作的条件。随着考古工作的推进，北魏平城时代的墓葬壁画连续发现，其艺术水准超过以往的估计，并使对其他考古材料的重新检讨成为必要。

认真审视司马金龙屏风漆画，画面中的绘画技艺无论是整体还是细节，在当时的北中国地区都算不得十分高明。这可能与屏风仅作为明器使用有关。漆画屏风第一块第四幅题材为《列女传》“班姬辞辇图”，对比现存传为顾恺之《女史箴图》的画作，同样的画面内容出现了不一样的表现方式。美术史学者形容顾恺之《女史箴图》中辇夫们抬轿子的姿势与脚步的起落宛如天马行空之态，富有韵律与节奏，动感十足。在屏风漆画中，四位辇夫的姿态则显得僵硬，神韵缺乏，显然不符合皇室作品的水准。画面中汉成帝乘辇回望班婕妤，虽然班婕妤的面部已经看不清，但从画面中两人的视角来看，她的视线与汉成帝的目光是不可能产生交流或回应的。漆画屏风第四块第二幅题材为《列女传》“卫灵公夫人识贤”故事。顾恺之《列女仁智图》虽为后代重绘，但也能反映出顾恺之原作的风貌。《列女仁智图》的“卫灵公夫人识贤”画面中，卫灵公坐屏风内发问，夫人对坐回答，二人身形比例适中，仪态庄重，神态与眼神间的互动描绘得十分自然。再看屏风漆画上的卫灵公和夫人，卫灵公安坐于榻上，俯视着跪于榻前且神态恭敬的卫灵公夫人，画面与《列女仁智图》迥异。对比同为漆画的“孙叔敖斩蛇图”与“鲁师春姜图”，后者虽然在画面中可以看出母女二人的交流，但画者在对鲁师春姜坐榻的透视处理上出了问题，将其画得严重变形，画工的技艺拙朴。“孙叔敖斩蛇图”中，一条大蛇从孙叔敖的左后方窜出来，他不得不回过头挥剑去斩蛇，在这个过程中他的身体和头部就会产生一个转折，腰部线条动感的表现是重要的内容，但是这幅漆画上，却没有表现出腰部扭转的线条，无独有偶，孙叔敖胳膊和服饰的线条也显得僵硬（图四）。

另外，屏风边框主体为四神兽，周围饰忍冬纹，在汉晋传统题材的边缘用异域风格的忍冬纹为装饰早有先例，如大同沙岭七号墓（435）漆皮画中汉晋特色的庖厨图（图五）的周边就是西域风格的植物纹样，这无疑是在平城制造的，难以想象屏风主体从南方带来，而边框则在平城后配。

在此基础上，这里拟对屏风漆画的认知提出一种新思路：屏风漆画与顾恺之《女史箴图》《列女仁智图》没有直接关系，与《女史箴图》《列女仁智图》的相似性源于汉晋绘画传统，画面的主题内容中的孝子列女精神为南北方共同推崇；漆画屏风是在北方地区自主完成的；漆画与传顾恺之《女史箴图》的相似性在于，彼此之间有一个共同的蓝本，并不表示漆画是对《女史箴图》的模仿。

东汉时期的壁画墓、东晋时期在朝鲜发现的壁画墓以及在十六国时

正面 | 背面

图四　司马金龙墓屏风漆画

期发现的其他相关图像材料为北方地区文化的发展准备好了条件。大同北魏解兴石堂壁画中镇墓武士持戟打鬼的画面十分生动（图六），绘画技艺之高超可见一斑。河南荥阳苌村东汉壁画人物、嘉峪关魏晋壁画人物表现了汉晋文化绘画传统，张掖魏晋木棺人物画与顾恺之《女史箴图》女性发式十分相似。通过观察咸阳平陵十六国墓陶俑、南京东晋墓陶俑上妇女发环可知，这种发型从东汉末年、魏晋时期开始在中国南、北方地区女性装

图五　大同沙岭七号墓（435）漆皮画庖厨图

扮中流行开来。朝鲜安岳冬寿墓壁画中夫人头上的发环和发式表现的则是汉晋绘画传统在更远区域的流传。从东汉荥阳苌村壁画墓、朝鲜德兴里东晋壁画墓以及咸阳平陵十六国墓葬中的十字髻女性陶俑等因素看，北方地区在技术和题材上都具备产生司马金龙墓屏风漆画的条件。北魏远交高句丽，西控河西走廊，在南方攻取了大量南朝领土，并将物产资源、手工业资源、文化资源集聚到平城地带。平城吸纳的文化资源之丰富、平城文化面貌之丰富与精彩，都超乎我们的想象。目前平城考古工作还不充分，但我相信不久的将来会有很多新材料面世。

那么，司马金龙墓屏风漆画是否与南方没有任何关系？也不是，其

图六　大同北魏解兴石堂壁画镇墓武士持戟打鬼图

画法可能受到南方，特别是传顾恺之《洛神赋图》的影响。在北中国，汉晋文化一部分可能得到继承，另一方面，也有当时、当地的特点。司马金龙墓屏风漆画画风可能受到南方的影响，甘肃永靖炳灵寺169窟壁画、湖北谷城肖家营南朝画像砖中人物服饰与司马金龙屏风漆画上周室三母服饰上的飘带、蔽膝相似，而这种画法最早的样本来源于传顾恺之《洛神赋图》。

综上所述，司马金龙墓屏风来自南方的可能性微乎其微：屏风漆画的绘画水平一般，可能为随葬明器；屏风边框饰忍冬纹，这无疑是在平城制造的；难以想象屏风主体从南方带来，而边框在平城后配。漆画与传顾恺之《女史箴图》的相似性在于，彼此之间有一个共同的蓝本，并不表示漆画是对《女史箴图》的模仿。

此外，司马金龙墓出土的青瓷唾壶可算是一件南方青瓷器精品（图七、图八），造型匀称且釉色清亮，高达19.7厘米，可谓既大且美。不用说在青瓷器极为稀罕的北方地区，就是在南方也可入唾壶中之上品。不

图七 | 图八

图七　北魏青瓷唾壶（司马金龙夫妇合葬墓出土）

图八　西晋唾壶（南京市博物总馆藏）

过，唾壶毕竟只是一件日用器，从今日瓷器研究角度来看颇具价值，但在当时社会生活中并无举足轻重的地位，自然也谈不上南方文化的代表。

二、北魏平城时代后期南北文化交流才趋于紧密

这样的论题仍然需要依靠对考古材料的分析和解读，在山西大同地区发现了这种交流的证据。

尉迟定州墓和大同仝家湾M7都是四隅券进式穹隆顶，这种顶式在南方地区吴晋时期长期流行，大约在东晋中期偏后消失。尉迟定州墓年代为北魏太安三年（457），大同仝家湾M7时代也甚早，加强了这种顶式来源于南朝的可能性。不过，四隅券进式穹隆顶本是西方建筑的结顶样式，南方地区这一墓顶样式的源头应该是中亚地区。平城时代与中亚关系密切，四隅券进式穹隆顶这种建筑形制，虽然也有再次从中亚传播到平城的可能性，但尉迟定州墓石椁封门石铭文末段刻“时人张坚固、李定度知”，这两位为南方墓葬中经常出现的神，他们的存在大大增加了四隅券进顶式来源于南方的可能性。

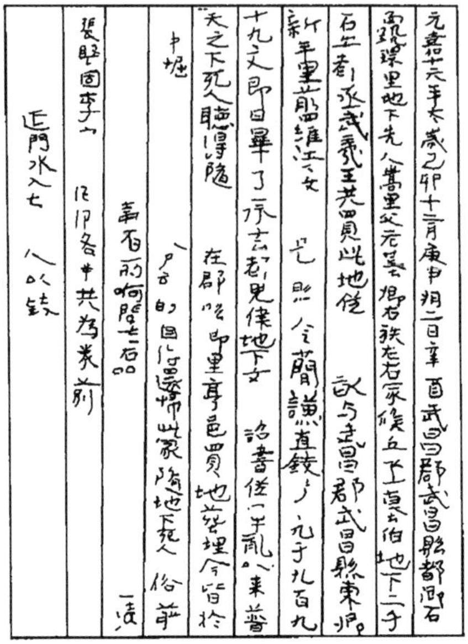

图九　湖北鄂州出土南朝刘宋元嘉十六年（439）简谦买地券

尉迟定州墓石椁封门石铭文

太岁在丁酉，二月辛巳朔，十六日丙申，步胡豆和民莫堤尉迟定州，以官绢六匹从六臣常买，得初文侯莫陈染干买砖八千枚，即日毕了。砖保无，识忍寒盗，若有识忍呵责，仰买得葬自至地下七春，洛书断了，券破之后，若不丕休。时人张坚固、李定度知。

广西桂林出土南齐永明五年（487）秦僧猛买地券，文曰：“时证知李定度、张坚固，以钱半百，分券为明。”湖北鄂州出土南朝刘宋元嘉十六年（439）简谦买地券（图九），文曰：“时知者张坚固、李定度，沽酒各半，共为券莂。”

在南方境内，长江中游地区在元嘉时期地位迅速上升，这类买地券有可能首先出现于经济比较发达的长江中游地区，然后流传到两广地区。长江中游地区还是南北方对峙和交往的前沿，这类买地券从长江中游传播到北方的可能性也是存在的。北方地区土地买卖的社会基础和频繁程度肯定不如南方，不像南方地区那样有利于买地券的出现与发展。因此，可以认为，尉迟定州石椁封门石铭文源自南方地区，因此，四隅券进顶也可能来自南方。

在平城时代晚期，还有一处十分重要的墓葬——宋绍祖墓。宋绍祖墓葬葬具为石椁一具，仿木结构，外形为三开间单檐悬山顶的建筑，前有廊，后为室，由百余件雕凿精细的青石构件拼装组合而成。立柱上有一斗三升的斗栱和人字栱，门外壁有铺首衔环，门楣有莲花雕刻，室内梁架结构也清晰可见。石室内部东、西、北三壁原有壁画，已漫漶不清，内容似为舞蹈和伎乐人物（图一〇）。宋绍祖墓石椁是目前发现关于北朝建筑最直接的物证，宋绍祖墓石椁上的高士图是当时南北方文化交流的重要物证。

宋绍祖墓石椁上的高士图与尉迟定州墓和大同仝家湾M7不同，绘制得极为生动，这种风格明显属于士大夫层面的文化，可能与当时南朝清谈有关，对北魏平城主流社会和历史产生较大影响。正如王僧虔所言："曼倩有云：'谈何容易。'见诸玄，志为之逸，肠为之抽，专一书，转诵数十家注，自少至老，手不释卷，尚未敢轻言。汝开《老子》卷头五尺许，未知辅嗣何所道，平叔何所说，马、郑何所异，《指例》何所明，而便盛于麈尾，自呼谈士，此最险事。"

此外，从南京西善桥宫山竹林七贤壁画（图一一）、四川茂汶（今茂县）南齐造像碑与云冈石窟中的褒衣博带式佛装的相似性可以看出，后者也应是南方文化对北方影响的产物。北魏平城时代后期孝文帝、冯太后掌权时期，南北方交流更多地体现在文化层面。

图一〇　北魏宋绍祖墓石椁壁画

三、北魏平城时代南北文化的简单对比

北魏时期，南北方文化由于其族群属性、文化传统不一样，所表现出来的面貌当然也就大相径庭。以城市格局为例，据文献记载说，建康城宫城建有墙垣，且可能为三重，但外郭城长期为开放式，只以竹篱为界，直到南齐时才周以城垣，但外郭城垣与宫城外垣墙壁之间的广阔范围内，没有像北方那样建成各自隔离的里坊，建康大城内的开放性继续得到保证。所以，通常认为这与南方经济发达有

图一一　南京西善桥宫山竹林七贤壁画

关。从经济角度加以考虑是可取的，唐后期长安城坊墙的崩溃就是经济发展的产物。

平城“其郭城绕宫城南，悉筑为坊。坊开巷，大者容四五百家，小者六七十家”。北魏政权由多民族多部族结合而成，平城为移民式大城市，社会矛盾尖锐，安全状况不佳，实行里坊制是保障安全的有效措施。北魏迁都洛阳后，开始不建立里坊，后来迫于治安形势恶化而建造了坊墙，这对于理解平城的封闭性有直接帮助。平城经济状况与建康不可同日而语，商品经济在平城还没有起步，自然不可能像建康城那样视坊墙为障碍。

墓葬方面，在北魏平城时代鲜卑人平民墓葬中依然保留着族坟墓色彩，这在大同南郊北魏墓群（图一二）、大同七里村墓群中表现得很明显。大同南郊北魏墓地可分为三组（一二组之间、二三组之间各有一个过渡组），第二组在大同地区有5

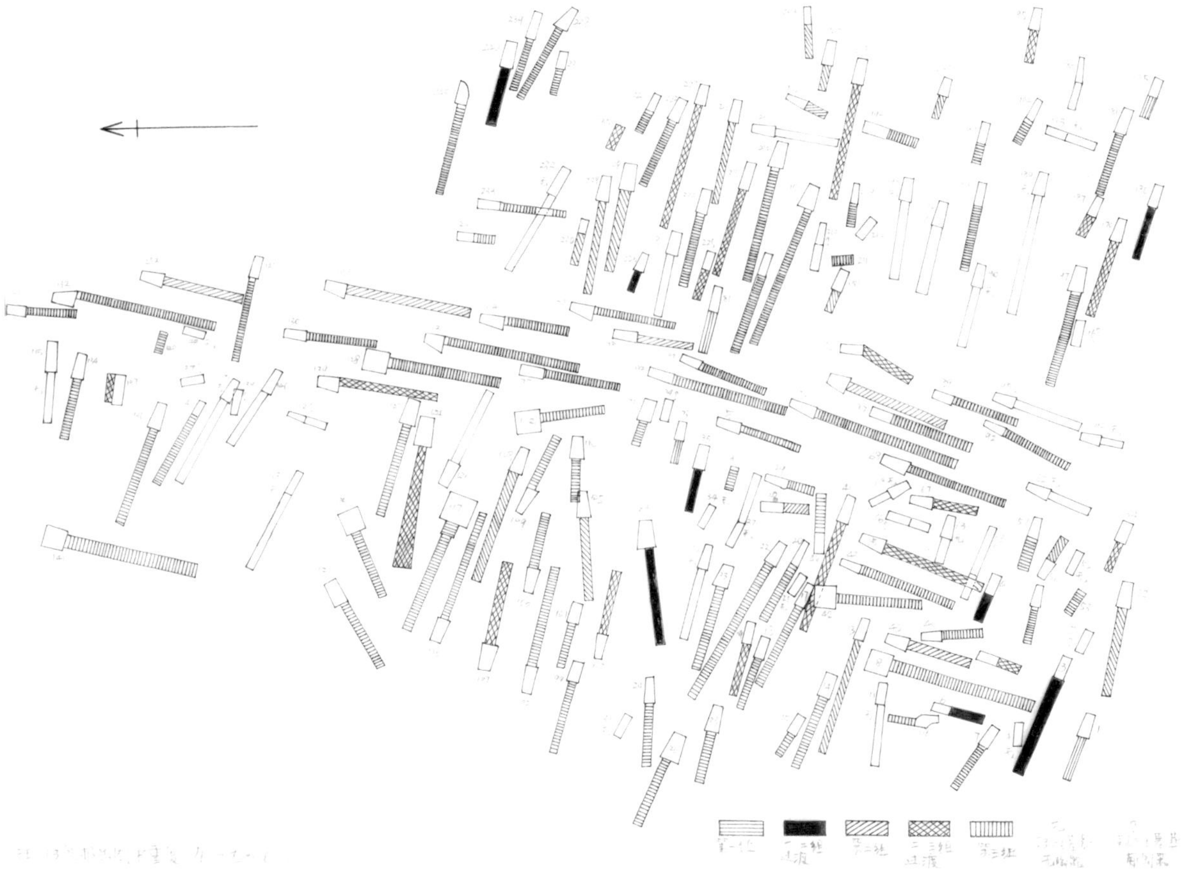

图一二　大同南郊北魏墓群墓葬分布图

世纪30年代的纪年，第三组有5世纪70年代和80年代的纪年，由此可以推定第二、三过渡组的时代在5世纪中期左右。第三组的时代下限应该不晚于公元500年。值得注意的是，第三组墓葬集中出现一些不规则现象。一是不同于早期阶段的正南、西、北方向，在西半区中部略北处出现了西南向的M121与M175，这打乱了早先家族墓地以正方向条块分割整个墓地的方式。二是出现了侵入其他家族墓地的现象，如西半区中部南端的M99、M101之于M103、M102等墓葬所在的家族墓地，M147则直接插入M253与

M153之间。三是独立的单座墓葬开始出现，如西半区中部略偏北的M117、M112，东半区中部略偏南的M211，西半区西南部的M9，看不出这些墓葬与周围墓葬的关系，特别是前三座墓葬近旁已无多余的空间，因此，只能认为它们是孤墓。四是部分墓葬打破了其他组别的墓葬，如M42打破M41的墓道、M233打破M232。种种迹象表明，这个时期整个墓地只能大体上维持早期阶段的局面，墓地的管理已经出现松弛的现象。在依据陶器进行的墓群分组分期研究中，第三组（期）与此前墓葬差别较大，出现一些新墓葬形制、新陶器形制、新种类釉陶器，这与第三组墓葬平面布局等方面出现的新迹象共同表明，第三组（期）是大同南郊墓地形成史上的巨变时期。根据大同其他地点发现的纪年墓葬材料，第三组的时代约为5世纪晚期，此时北魏经历了太和改革和迁都洛阳，汉化和封建化进程迅猛，旧有社会组织结构遭到破坏，现实中的变化必然要对丧葬活动产生影响，第三组（期）墓葬所表现的维持和破坏并存的状况，当是现实社会的真实写照。

与鲜卑传统族坟墓地制度缓慢、松弛相比，高等级墓葬体现出更多更迅速的变化，这可从两个方面加以观察：一是对汉文化因素的吸收，二是墓葬制度的建设。大同沙岭七号墓是早于宋绍祖墓、司马金龙墓的案例。《后汉书·礼仪志（中）》有着详细生动的记述："先腊一日，大傩，谓之逐疫。其仪：选中黄门子弟年十岁以上，十二以下，百二十人为侲子。皆赤帻皂制，执大鼗。方相氏黄金四目，蒙熊皮，玄衣朱裳，执戈扬盾。十二兽有衣毛角。中黄门行之，冗从仆射将之，以逐恶鬼于禁中……因作方相与十二兽舞。" 沙岭壁画墓镇墓武士身后的怪兽应为镇墓兽（图一三），恰好也具有十二兽"有衣毛角"的特征且似乎在作舞，只画一个当是以其为代表。沙岭壁画墓创造性地将方相氏和十二兽图画于墓葬之中，当是认为地下仍有打鬼的需求，希望方相氏和十二兽能继续在地下履行职责，这是汉代以来墓葬礼仪的表现。墓室后壁壁画正中墓主人夫妇端坐，此外伏羲女娲图、出行仪仗图及

图一三　大同北魏沙岭壁画墓镇墓武士

诸多神异动物（图一四—图一六）、牛车、庖厨、坐具等反映出当时北魏鲜卑贵族对华夏文化的参考不是单一的而是系统化的。

但若论墓葬制度的建设则要以司马金龙墓和宋绍祖墓为代表。宋绍祖墓前部是镇墓兽和镇墓武士，然后是以墓主、牛车为中心的各种陶俑，其中人物俑共113件，可分为7种，分别为甲骑具装俑26件、鸡冠帽武士俑32件、风帽仪仗男俑19件、披铠步兵俑18件、男侍俑8件、女侍俑6件、胡人伎乐俑4件。这是目前所知年代最早的北魏墓葬出土大型俑群（图一七）。司马金龙墓中也出土了大量的陶俑，武士俑和仪仗俑是地下的“武装力量”，与侍奉墓主的侍从俑不同，具有“公共性”，表现的是权力和威严，是皇权对墓主身份的认可，因此，这种陶俑的制作和使用都会受到国家的监管。在5世纪后期突然出现大型陶俑群，而且面貌基本相似，说明墓葬开始被北魏政府用来作为体现等级制的手段了，这是平城北魏墓葬发展到一个新阶段的标志，并对北齐、隋唐的墓葬制度产生了深远的影响。

相当于平城时代南方地区的普通人物的墓葬没有显著变化，高级人

图一四　大同北魏沙岭
壁画墓伏羲女娲图

图一五　大同北魏沙岭
壁画墓出行图

图一六　大同北魏沙岭壁画墓神异动物图

物墓葬则发生了明显变化，可以简单地概括为从“晋制”到南朝制度的变化。刘宋政权建立后，抛弃“晋制”而另建一套墓葬制度，最显著的表现为最高等级的帝王墓葬中恢复陵墓地面石刻和新创拼镶竹林七贤壁画。为什么从刘宋开始陵墓制度出现了很大的变化？竹林七贤等墓室壁画的出现可能与刘宋的背景出身有关。唐长孺先生指出：“他们（指新出门户）虽然按照当时婚宦标准业已符合士族身份，但在门阀贵族面前还是寒人，而他们的最高愿望不是打破这种士庶等级区别，相反的是想跻入士族行列，乞求承认，并且转而以之自傲，甚至同样坚持士庶区别观点。”刘宋皇室

图一七　宋绍祖墓墓室东南侧随葬俑群

出身于“田舍翁”，登台伊始颇不适应，为了在与士族周旋时自在一些，不得不附庸风雅，乃至后来，反而以士大夫领袖自居而不觉了。《南史》卷十五《刘穆之传》载：“帝举止施为，穆之皆下节度，帝书素拙，穆之曰：‘此虽小事，然宣布四远，愿公小复留意。’帝既不能留意，又禀分有在，穆之乃曰：‘公但纵笔为大字，一字径尺无嫌。大既足有所包，其势亦美。’帝从之，一纸不过六七字便满。”

四、小结

平城时代的南北方，不仅与汉晋之间相隔了东晋十六国，更重要的是南北方政权都有建设自我文化的欲望，南方的庶族政权要彰显与之前贵族政权的不同，北方拓跋鲜卑贵族在有意无意之中实现着自身政权的正统性。南北方的灵感主要还是来自华夏传统文化，但并不是照搬，而是改造后加以利用，从而推动了南北方文化的共同进步。司马金龙墓中的南方文化因素并不多，但他的身份兼具南北，这提示我们对平城时代的南北方文化应给予更多的关照，从国际视野下详细分析司马金龙墓的价值有待他日。

主讲人 / 郑　岩

娄睿墓与徐显秀墓

——古代墓葬壁画的重要转向

主讲人／郑　岩

北京大学艺术学院教授

中国有悠久的美术史写作传统。唐代张彦远《历代名画记》一书，记载了9世纪以前中国绘画发展的历史，这是人类第一部绘画史。后来中国美术史的写作就延续了张彦远的传统，一直以绘画史为中心。但是，那些绘在纸帛上的画，是非常难以保存的。今天，张彦远书中记载的著名画家及他们的作品，都已不复存在。如果说还有些作品，也只是少数后世的摹本。此外，张彦远的记载也留有明显的时代印记。例如，关于南北朝这个重要的时期，他是偏重南朝而轻北朝的，原因在于唐人是将南朝汉人政权看作正统。而考古发现的北朝壁画，就大大填补了这时期北方绘画的空白。

在以往的美术史传统中，魏晋南北朝是一个非常关键的时期，是中国艺术文学开始走向觉醒的时代，也是狭义上中国绘画史的开端。这个时期诞生了很多艺术家，创作了许多重要的作品，同时开始了对绘画艺术理论的探索，但是当我们试图研究这个时段的艺术史时，发现实物材料是极其缺乏的，当然有一些文献中记载的传世的作品，这些作品主要集中在东晋、南朝。但是仅仅有文献的记载是远远不够的，所幸有后来在山西、山东、河北等地丰富的北朝时期的考古发现，这些发现为研究这一时期的美术史提供了非常关键的实物材料。可以从中探究当时人们的思想、观念及其整个社会的日常生活、风俗变迁、民族关系等各个重要方面。

1980至1982年由山西考古界的前辈发掘的娄睿墓，在当时轰动一时（图一）。这座大墓坐北朝南。墓室部分的壁画保存不够好，但墓道两壁和墓门以上照墙的壁画较为完好地保存下来。接近甬道处上部坍塌，从暴露的残迹看，甬道前半部是露天的斜坡墓道，后半部两壁立木柱，上有瓦顶，构成一个实际的门楼。墓道东、西两壁均按水平方向分为三栏（图二、图三），上栏皆绘马群、驼队、骑卫、细犬等；中栏西壁绘出行的马队，人物多骑马，东壁绘回归的马队，人物多步行；下栏皆绘军乐仪仗。发掘者根据西、东两壁马队、驼队方向的不同，分别将其命名为“出行图”和“回归图”。毫无疑问，这

图一　山西太原北齐娄睿墓墓道东壁壁画局部

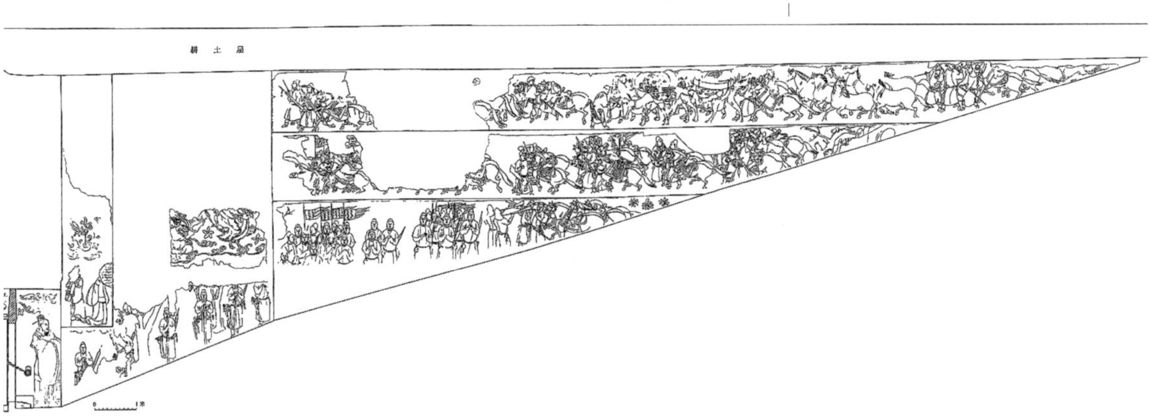

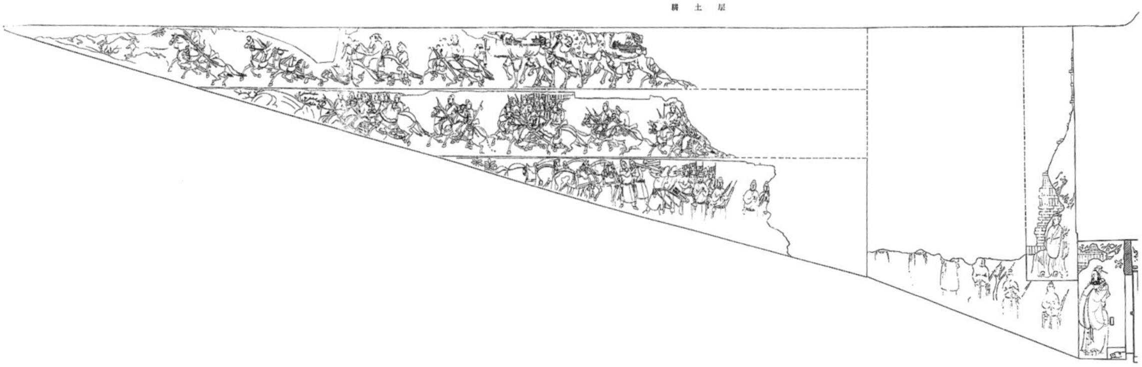

图二
——
图三

图二　山西太原北齐娄睿墓墓道东壁壁画

图三　山西太原北齐娄睿墓墓道西壁壁画

些壁画的绘画水平是超乎人们对于6世纪北方绘画艺术的想象的。所以，壁画发现之后，有不少前辈学者认为这些绘画出自名家手笔。例如，史树青先生就认为，娄睿墓壁画为北齐宫廷画家杨子华所绘。

杨子华是有文献记载的为数不多的北齐画家之一。《历代名画记》中记："杨子华，中品上。世祖（高湛）时任直阁将军、员外散骑常侍。尝画马于壁，夜听蹄啮长鸣，如索水草。图龙于素，舒卷辄云气萦集。世祖重之，使居禁中，天下号为画圣，非有诏不得为外人画……阎立本云：

‘自像人以来，曲尽其妙，简易标美，多不可减，少不可逾，其唯子华乎！’”

宿白先生也认为娄睿墓壁画极有可能出自杨子华之手。谢稚柳先生认为娄睿墓壁画的画风正是“简易标美”，可以推想属于杨子华一派。金维诺教授对于这一问题的讨论最为详赡。他曾观摩美国波士顿美术博物馆收藏的《北齐校书图》（图四）。这幅画描绘了北齐天保七年（556）齐宣帝诏樊逊校定群书的场景，画上宋人的跋认为是唐代画家阎立本的作品。金先生认为这幅画应该是北齐画作的宋摹本。他在文章中将《北齐校书图》与娄睿墓壁画相提并论，二者人物风格的确也比较接近。金先生说：“即使娄睿墓壁画非亲自出于杨手，而当时号称‘画圣’的杨子华，其画风影响及于邺都以外的北齐陪都晋阳一带，也是自然的。”“娄睿是北齐贵戚，墓中壁画可能出自宫廷画家之手，甚或有当时画圣杨子华起样的可能性。但是没有确实依据，也不必以设想当作事实。而北齐壁画实物已足以作为了解当时艺术成就的标尺。它既代表了北齐这一时代的主要风格，也能在一定程度上展示当时名画家杨子华的影响。”受到这些学者影响，发掘报告也认为墓中壁画很可能出自杨子华之手。

这些研究试图将考古发现与文献材料结合起来，使北齐绘画史在某种程度上得以重建。但是到目前为止，我们并没有发现直接的证据，例如壁画中并没有作者的题名，文献中也没有提到杨子华在墓葬中画过壁画。所以，这种联系还是有些脆弱的。

图四　波士顿美术博物馆藏《北齐校书图》

文献记载的著名画家，是否真的能与这些地下的壁画建立关联？如果答案是肯定的，这种关联又是通过什么具体的方式建立起来的？要回答这些问题，我们需要绕一个比较大的圈子，将眼光放开来看这些材料。

中国古代墓葬总体上说是一个密藏于地下的封闭系统，墓室中的随葬品、壁画等并不是为了对外展示而设，而是基于对灵魂的信仰，为死者在另一个世界的“生活”而安排的。但是，从汉代起，就有一些墓葬出现了一些外向的元素，例如有些墓葬的墓门装饰华丽，也许可以让参加葬礼的人看到，以显示死者子孙们的孝心。在北朝晚期，这种倾向进一步发展。许多高等级墓葬的长斜坡墓道两侧出现了大面积的壁画，甚至坡道上也绘有图案，构成了一个个包罗万象、色彩缤纷的巨大的图像空间。从目前所获考古材料来看，较成规模的墓道壁画最早见于东魏时期，后来盛行于北齐、北周。特别是几座大型北齐墓的墓道壁画，无论在内容上还是绘画水平上，都获得了异乎寻常的发展。

汉代壁画墓主要在墓室和甬道中绘制壁画，经过北朝晚期突破性的转变，隋、唐乃至辽代的大型墓葬都常见墓道壁画。这种转变很可能包含着墓葬制度、礼仪和观念的重要变化，如果我们将娄睿墓这座高等级大墓的墓道壁画作为一个特定的单元加以观察，可能会有一些新的理解。

尽管墓门内外的壁画在内容和形式上连接紧密，但是墓门关闭之后，长斜坡墓道的部分就被回填，墓室就成为深埋在地下的一个“空洞”。亲自参与这类墓葬发掘的考古学家会对墓室与墓道的差异有着强烈的感受：墓道部分的壁画需要花费大量工时仔细地剔剥，才能显现出来；如果墓顶保存完好，只需要清除墓葬中少量渗入的积土，就可以看到墓室内大部分的壁画。这种现象说明，墓道的结构及其壁画是为下葬时的礼仪设计的，因此，我们可以将这部分壁画看作一种在葬礼中使用的图像。换句话说，墓道壁画是一种“一次性”绘画，只能在葬礼举行时被观看，过期作废。这样，我们就可以把墓道壁画放在一个特定时空系统来理解，这个特定的时空系统就是葬礼的仪式现场。

北齐墓道壁画的构图大致可分为两个类型，分别以娄睿墓和徐显秀墓为代表。娄睿墓左右两壁的壁画水平分栏，上下布列；而徐显秀墓所绘仪仗人物沿墓道斜坡自外而内、由高而低排列（图五）。这两种构图方式都与墓道的形制有关，所以，我们有必要将墓道的建造技术和绘画过程联系起来加以考察。

娄睿墓的发掘报告提供了墓道部分详细的数据（图六）。根据报告的介绍，墓道长22.3米，坡度15°，上口宽3.55米，最深处13米。最值得注意的一个细节是，墓道两壁由上而下两次内收，每层内收10~12厘米。第一级处墓道宽3.2米，第二级处宽2.9米，墓道底部宽2.8米。每层壁面抹有厚1~1.5厘米的草拌泥地仗和厚约1厘米的白灰，壁画绘制在白灰表面。这条墓道是逐层水平下挖而成的。每层壁面的高度为1.5~1.7米，这个高度与常人身高相近，最适合不借助脚手架等辅助设施而直接绘制壁画。极有可能，挖土的工人每一层挖完后，画工便随即进入现场绘制壁画。只要画工和挖土、取土的工人密切配合，便可获得工作效率的最大化。相反，如果全部挖到底再绘制壁画，则绘制高处的壁画时必须设置脚手架或梯子，而

图五　山西太原北齐徐显秀墓剖面图

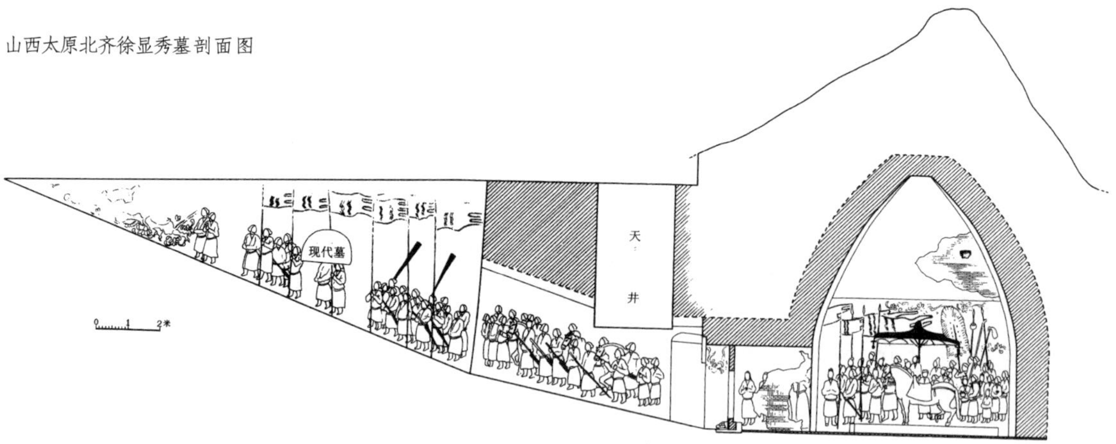

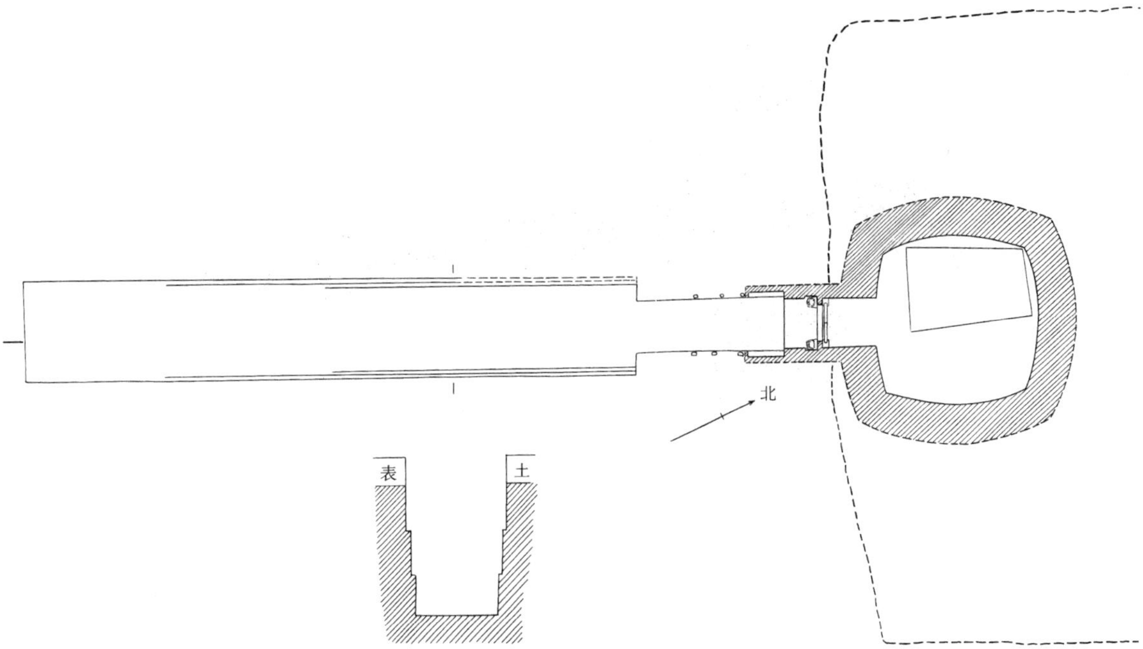

图六　山西太原北齐娄睿墓平面图及墓道剖面图

同一层的壁画前后也难以保持紧密的联系。

墓道逐层内收的做法，可以追溯到汉魏时期。在河南洛阳邙山东汉帝陵区一些规模比较大、带有长斜坡墓道的墓葬，不仅墓道两侧有台阶，而且墓圹本身也带有台阶。这种墓葬先开挖竖向的土圹，再为运土、运送建材和下葬留出长斜坡墓道，然后在土圹中从底部构筑墓壁，起券成顶，最后回填夯实。洛阳曹魏重臣曹休墓长35米的墓道两侧有7级台阶（图七）。以前有学者认为这种台阶的数量可能和墓葬等级有关。耿朔先生并不赞成这种看法，他认为这种结构只是为了防止墓道开挖时壁面坍塌，有些墓葬台阶较多，只是因为墓葬规模大，墓道挖得比较深。

我注意到，在汉代规模稍大的墓葬中，常见到墓道分层开挖的做

图七　河南洛阳曹魏曹休墓

法，这种做法的源头还值得进一步探讨。一些规模较大的战国楚墓墓道虽然不作阶梯状，但墓坑四壁却设有数量不等的生土台阶，似乎都是为解决施工时向外运土的技术性设施。通过比较可以判断，娄睿墓墓道的结构至少是延续了汉魏以来的传统。壁画水平分栏可以高效地利用绘画载体的表面，是早期绘画的常规方式。例如河北安平逯家庄东汉墓内大规模的车马行列，也是上上下下排列为多层（图八）。当然，这种构图还可追溯到更早的器物装饰。

汉代的墓葬壁画多流行于社会中层，而少见于高等级墓葬，那些带台阶墓道的大墓中都没有壁画。也就是说，墓道逐层内收的结构并不是为壁画专门设计的。娄睿墓墓道实际上将两种本来不相干的传统结合在了一起，而二者的结合的确也取得了天衣无缝的效果。

娄睿墓水平分栏的方式在同时期并不多见，等级略低一些的太原北齐司空武安王徐显秀墓可能代表了一个更具有普遍性的类型。这座墓坐北朝南，墓道北端连接一天井和过洞，

图八
图九

图八　河北安平逯家庄东汉墓中室壁画

图九　山西太原北齐徐显秀墓墓道西壁壁画局部

墓道、过洞、天井两壁涂厚0.1~0.2厘米的白灰，墓口处画两神兽，其后沿着斜坡在墓道两壁各画26人仪仗鼓吹（图九），照墙已坍塌，残留有门楼壁画。过洞、天井东壁绘人物12人、鞍马3匹，西壁绘人物19人、鞍马3匹。我们可以注意到，徐显秀墓墓道两壁的壁画不是分栏的布局。

与徐显秀墓比较一致的，还有河北磁县湾漳墓。这座墓坐北朝南，墓道长达37米，两壁前端绘青龙、白虎，其后下层绘各由53人组成的仪仗队列，末段仪仗人物身后绘廊屋，上层绘各种神禽异兽及莲花、忍冬、流云等（图一〇），地面有莲花、忍冬等图案。墓门上方绘正面朱雀。这座墓规模宏大，规格比娄睿墓还要高，发掘者推测其为北齐文宣帝高洋乾明

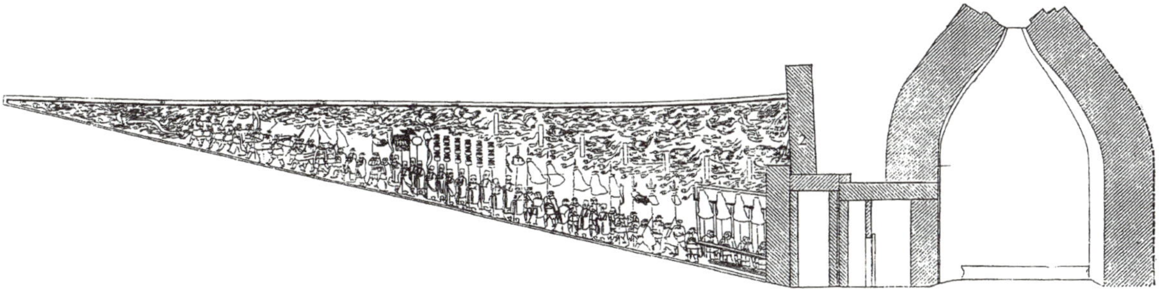

图一〇　河北磁县湾漳北齐墓剖面图

元年（560）二月所葬的武宁陵。

湾漳墓墓道上口宽3.88米，下底宽3.36~3.62米，上下的宽度差别要小得多。从报告中墓道的剖面图可以发现（图一一），墓葬营造的程序与娄睿墓全然不同。湾漳墓的墓道是先挖出有斜坡的近长圆形的大坑，在斜坡处用土坯垒砌墓道两壁，两壁的土坯墙厚0.5~1米，越靠近底部越厚，土坯构筑的墙壁顶端砌成半圆形，在土坑壁与土坯墙之间填土夯打。土坯墙上抹草拌泥，其上再抹白灰，这样形成的壁面，没有逐层内收的结构，而是上下一体，十分平整，壁画就画在白灰层上。宿白先生认为，湾漳墓墓道前端巨幅青龙、白虎画像可能与皇室有关，并将其渊源追溯到南朝。湾漳墓墓道的建造方式像是在建造两道墙，可能延续了地上建筑结构的思维方式和工作程序。

湾漳墓墓道壁画所依附的壁面自下而上砌筑，意味着只能在墓道整体空间形成后，才开始绘制壁画。也就是说，挖土、砌墙的工人退出之后，画工才能进入现场。画工面对的是两个平整的墙面，而不是逐级分层的结构，这样，他们便可以从整体上通盘考虑壁面的布局，而且画面应是从最底层开始的。画工们站立在长长的斜坡上，最下层大规模的仪仗，就沿着坡道的角度内外展开。这些人物

图一一　河北磁县湾漳北齐墓墓道和墓壁横剖面图

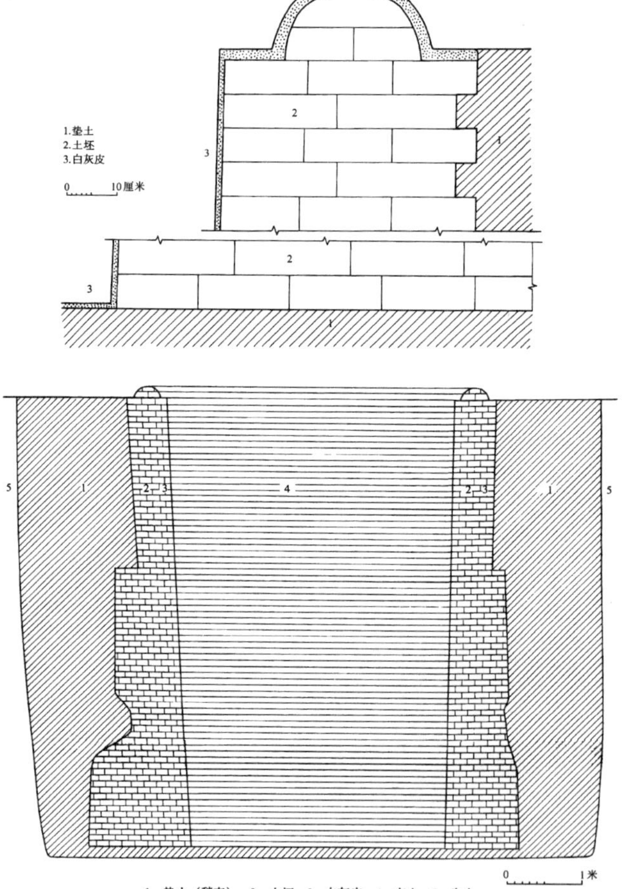

与真人大小差不多（图一二），正适合画工的操作，因此仪仗队列中的人物彼此联系紧密，整体性极强，接近地面的青龙、白虎也可以直接绘制。但是，对于人物手中品类繁多的仪仗而言，就需要在斜坡面上立梯子或搭建脚手架以辅助。至于高层的祥禽瑞兽，更是如此。墓道最深处的脚手架，估计高度要在8米左右。在整个墓道中全部搭满脚手架，是十分费工、费材的，因此，他们可能会选择在局部搭建宽度有限的脚手架或立梯子。如果是这样，画工们要不断移动或重新搭建架木，并随着坡面的变化调整其高度。画工在顶部的活动范围可能受到一定的局限，所以，高处的各种禽兽形象彼此相对独立，比起下层的人物而言，显得较为松散。

正如在前文中提到的，墓道中的壁画只有在葬礼进行的那个时间点才有意义。也就是说，那个时候，这些壁画是要用于展示的。这样，我们就应该进一步结合丧葬仪式来比较娄睿墓和湾漳墓墓道的壁画。虽然娄睿墓墓道的空间结构和壁画构图方式，看似结合得天衣无缝，但是，如果考虑到功能，我们就能注意到这些壁画的“缺陷”。虽然文献中缺乏对北朝葬礼的详细记载，但我们不难想象，送葬的人是沿着长斜坡墓道步入墓室的。这时，横向分栏的壁画与这些行进中的人们的视线并不匹配（图一三）：人们沿着坡道越走越深，刚刚看清第一层外端的壁画，第二层壁画就呈现于眼前；第二层壁画的内端还没有看清，第三层又出现了。葬礼中还有一些人可能站在墓道两侧的地面上来观看正在进行的仪式，但是，这些人虽有可能比较清晰地看到墓道上列的壁画，却不易看清下方的壁画。也就是说，娄睿墓壁画的这种布局并不完美。

图一二　河北磁县湾漳北齐墓墓道西壁壁画局部

图一三　山西太原北齐娄睿墓墓道壁画局部

与娄睿墓不同，徐显秀墓（图一四）和湾漳墓墓道壁画与仪式有着内在的关联。例如，在湾漳墓中，当送葬队伍行至墓道口时，便可望见对面墙壁上巨大的朱雀壁画（图一五），两侧的青龙、白虎和两壁上部神禽异兽，也喻示他们将步入一个神圣空间。墓道地面的莲花图案应该是对地毯的模拟，使人联想起“步步生莲华”的典故。仪仗行列沿着长斜坡道布列，这些高度与真人大小无异的人像肃穆地平列在两侧，而运送

图一四 | 图一五

图一四　山西太原北齐徐显秀墓墓道

图一五　河北磁县湾漳北齐墓照墙壁画

灵柩者移动的目光，也会逐一扫过两壁，画中的人物仿佛在接受着高贵的死者的最后一次检阅。扬之水女士考证了两壁壁画中部分仪仗的名称，她指出："一百零六人的仪卫行列，对于帝王卤簿来说当时是太小的规模，因此这里远非全部，而只是选绘了其中有代表性的部分。"对于这种现象，也许还可以提出另一种解释，即两壁的仪仗，只是地面仪仗的延续，或其最末端的部分。因为墓道的宽度毕竟有限，容不下葬礼中规模宏大的队列，最接近墓室的部分只好以图像来代替和延续。如果是这样，那么装饰着绘画的墓道就成为由地上到地下、由凡俗到神圣所不可或缺的连接、过渡和转换。

在二十年前的研究中，我曾提出"邺城规制"的概念，认为东魏北齐时期高等级墓葬采用壁画，是壁画墓发展史上一个重要的转折。这些墓葬的结构和壁画题材、布局呈现出与死者身份等级相联系的制度化倾向。后来，在讨论徐显秀墓壁画时，我又将“邺城规制”中对称的格局和墓主正面像等因素，与这一时期佛教的流行、城市格局的变化联系在一起。东魏茹茹公主闾叱地连墓、北齐徐显秀墓、北齐湾漳墓的墓道壁画中具有连续性的仪仗队列，是“邺城规制”的一个组成部分。在这种规制中，壁画、墓道结构、丧葬仪式得到了完美的结合，而汉魏以来墓道两壁台阶结构的消失，应是为了适应这种新的壁画布局、仪式而做出的调整。

年代更早的洛阳邙山顶部冢头村北魏宣武帝景陵（515）长斜坡墓道分两段，前段长36.1米，为直接在生土上开挖的土壁，壁面、顶部及地面皆用草拌泥抹平，壁面打磨光滑，十分讲究；后段长4.5米，地面和两壁以青条砖铺砌，都没有绘壁画。至少根据目前材料来看，挖坑起墙的方式，似乎是北齐墓首创。

徐显秀墓两壁笔直的墓道，是直接从地面开挖，墓壁经过了细致的整平、修补和打磨，湾漳墓所见的那种挖坑、砌墙的建筑程序已被大大简化，只保留下其实际的空间关系和视觉效果。为了保证墓道两壁不会坍塌，徐显秀墓墓道的宽度按照一定的角度由上而下内收。在上下一体的平整墙壁上，壁画的绘制方式继续沿用了湾漳墓所代表的京畿模式。就这样，原来只是为了施工方便而设立的长斜坡墓道，在北朝后期被纳入仪式和制度之中，与墓室空间和壁画题材构成一个更为圆融、紧密的整体。这种结构影响深远，在后来隋代、唐代乃至辽代带有长斜坡墓道的高规格壁画墓中，墓道的开挖方式、平整的壁面以及沿着墓道底部安排壁画的做法成为主流。

根据目前所见材料，北齐壁画墓可进一步划分为不同的区域，距离北齐都城邺城不远的湾漳墓，无疑是京畿地区高等级墓葬的典型；徐显秀墓则显示了“邺城规制”在并州地区的影响力；而青、齐地区的几座壁画墓，目前尚未见有墓道壁画的例子。至于与新的丧葬礼仪存有龃龉的娄睿墓，可能代表着北朝壁画墓的一个

“子系统”。从两项新的考古发现中，我们或可观察到娄睿墓的一些影响。第一项是2008年发掘的山西朔州水泉梁北齐墓（图一六）。今天的朔州在北齐时属北朔州广安郡招远县，墓主可能为当地的军政官员。这座墓的壁画已经被比较完整地揭取下来，保存在山西博物院。根据发掘简报介绍，这座墓墓道也作台阶状，但可能因为墓主等级较低而未绘制壁画，墓室北壁绘墓主夫妇帐下的坐像，东、西壁分别绘鞍马、牛车，还配以尺幅较小的马队。东壁的鞍马向内行，西壁的牛车向外行，这种双向的马队还见于甬道两壁，与娄睿墓墓道两壁的“出行图”“回归图”似乎有一定的关系。

另一项新的发现是山西忻州九原岗墓（图一七）。这座墓墓道两壁仍采取台阶式的结构，每层台阶内收0.25米，台面宽5~6厘米，壁画按水平方向分为四层，以西壁为例，每层的高度1.5~2.2米，与娄睿墓十分相近，但未见出行和回归的马队，而代之以

图一六　山西朔州水泉梁北齐墓墓室东壁壁画

图一七　山西忻州九原岗北朝墓

狩猎、仪仗人物和各种仙人、祥禽瑞兽，大部分从墓内向墓外排列，但最下层（第四层）的人物却向内行，似乎也与娄睿墓的概念一致。经解剖发现，墓道的建造方式是先开挖出长方形土圹，再用土坯砌出台阶状的墙壁，然后抹上草拌泥和白灰，最后绘制壁画，这种现象，使得问题更为复杂。

九原岗墓没有发现墓志，具体的年代还有待于进一步研究。如果它与湾漳墓和娄睿墓的先后关系为“湾漳墓—九原岗墓—娄睿墓”，那么，就可以理解为九原岗墓在继承了湾漳墓为代表的皇室营造方式的同时，在墓道空间结构上又有“复古”的倾向，而娄睿墓则是在空间结构和施工方式上皆倾向“复古”的例子。如果九原岗墓可以早到东魏，这三座墓的年代关系就变为“九原岗墓—湾漳墓—娄睿墓”，那么，土坯砌墙的方式就不再是湾漳墓的发明，湾漳墓只是遵循了閰叱地连墓的范式，使两壁的结构和壁画的排布更符合礼仪的需要，而娄睿墓就只能看作在九原岗墓基础上施工方式的优化……实际上，这些墓葬的年代差别只在十至二十年之间，如果不把这些偶然发掘出的墓葬排列为一种简单的线性关系，而是看作这一时期同时存在的不同类型的代表，那么，就可以将九原岗墓理解为一种“混同型”——其墓道结构和壁画构图虽然保留了娄睿墓的做法，但建造方式却与湾漳墓相近，那些水平分层的壁画也需借助梯子或脚手架来绘制。可以预见，随着今后考古材料的日益丰富，我们一定会对北朝墓道壁画的这种多样性获得进一步的认识。

基于以上对壁画和墓葬结构、技术、仪式之间关系的讨论，如果我们再回到对壁画与那些著名画家的关系这一问题思考，就会有新的认识。文献中未见名家在墓葬中绘制壁画的记载，但寺观壁画使用画稿，却较为常见。宋人郭若虚《图画见闻志》卷三载："未几太宗龙飞，孙氏以（高）益所画《搜山图》进上，遂授翰林待诏。后被旨画大相国寺行廊《阿育王等变相》暨《炽盛光》《九曜》等，有位置小本藏于内府。后寺廊两经废置，皆饬后辈名手，依样临仿。"这里没有提到画家高益的《搜山图》是否也属于他后来画壁画时习用的"小本"，但传世的多个版本的《搜山图》均为手卷，其中还有白描稿，极像壁画的稿本。另一个相似的例子是宋元时期的白描《朝元仙仗图》（图一八），这幅著名的手卷也曾被学界看作壁画的"副本小样"。敦煌藏经洞还发现过大量"白画"和带有针孔的所谓严格意义上的"粉本"，已有不少学者做过深入的研究。参照寺观壁画和石窟壁画的情况，估计墓葬壁画的绘制，也会有类似的做法。李清泉教

图一八　王季迁藏《朝元仙仗图》局部

授曾对河北宣化辽代壁画墓粉本的使用方式作过细致的研究，南北朝时期的情况当不会例外。

南朝谢赫称赞画家戴逵“善图圣贤，百工所范”，一些名家作品为其他寂寂无闻的画家和工匠所临摹，是常见之事。已有多位学者认为，江苏南京西善桥宫山南朝大墓中的竹林七贤与荣启期砖画的底本，可能出自顾恺之、陆探微、戴逵等大画家之手。这一画稿在不同墓葬中被不断复制的现象，说明它在当时已被经典化，新的材料和研究进一步支持了这样的看法。

考虑到南朝大墓的情况，北齐墓葬壁画也不排除采用名家画稿的可能性。基于上文对娄睿墓墓道结构的分析，我提出一个大胆的假说：该墓墓道壁画应有底本所依，而这种底本很有可能是横向展开的手卷。娄睿墓墓道壁画每一层都是水平的、横长的画幅，与展开的手卷十分相似。这种水平分层的壁画不利于在现场观看，我们在考古报告中看到的线图和拼合的照片，实际上只是一种理论性的正投影图。墓道宽度有限，在现场的任何位置，都无法获得这种一览无余的视觉感受。但是，当这种构图落实到一幅手卷上时，一切就变得合情合理。局限于墓道的宽度，画工很难从整体上完美地控制画面物象的大小和节奏的均衡，而手卷式画稿的利用则可以解决这样的问题。

娄睿墓墓道使用的手卷式稿本，不是传世的《女史箴图》《洛神赋图》等那类特定题材的作品，而有可能是为墓道壁画专门设计的，题材和形式皆合乎丧葬的观念与仪式。但即便如此，这套手卷式画稿在使用时，仍可能有与墓道结构不匹配的地方。例如，在娄睿墓墓道各层横向的画面与斜坡交会处，有些马腿并未像其他部分那样完整地画出来，而是“隐藏”在了坡面之下（图一九），这很可能是因为画稿限于自身的形式，并未预先充分考虑到这些结构特殊的细部，以致在实施时出现了削足适履的做法。

不少研究者对娄睿墓的“出行图”“回归图”有兴趣。值得注意的是，两壁看上去方向不同的驼马，实际上都是从右向左行进的，而这也正

图一九 山西太原北齐娄睿墓墓道西壁壁画第三层局部

是手卷绘制和展开的方向——观者观看手卷时，像阅读一卷书，由右而左依次展开画面，同时，右端又不断卷起，使目光集中在一两尺宽的范围内，通过运动完成画面的阅读，绘制的次第也与读画的程序一样。当然，出行与回归的双向布局早在汉代墓葬中就已经出现，如四川成都扬子山墓所见。手卷的采用与这个传统并不矛盾，而是可以在原有的题材和构图中，增加一种更为有效的技术手段。手卷尺幅有限，如《北齐校书图》中人物头部高度只有2厘米左右，与壁画中人物的尺幅差距很大。因此，从手卷到壁画的转换，很可能是通过临摹实现的。观察壁画的原作，我们可以看到用竹签之类硬笔起稿的痕迹，人物的头部只画一圆圈以确定其大体的位置和比例。这些草稿很可能是将手卷式的画稿临摹到墙壁上的第一步。在起稿线的基础上，画工再进一步深化，以求与原画稿相一致。如果我这些推断能够成立，那么，一套手卷式的画稿便可以成为联系著名画家和墓葬壁画的中介，像杨子华或其门下的一位丹青高手就可能为画工提供这类画稿，同时又维护了其特定的社会身份。

如前文所论，忻州九原岗墓墓道上部可能是借助脚手架绘制的，但其水平分栏的构图也为手卷式稿本的使用提供了方便。如果是这样，就可以解释该墓壁画一个十分明显的矛盾：一方面，画面内容十分丰富，各个部分联系密切，节奏感极为协调；另一方面，具体物象的线条都比较弱，人物比例也多不合常规（图二〇），景物的线条支离散乱。这种矛盾很可能是一位水平不高的生手使用一套高妙的画稿进行临摹的结果。这套画稿内容丰富，甚至可能反过来影响到墓道的结构——即便两侧的墙壁是由下而上构筑的，为了适应这套难得的手卷式画稿，也处理为台阶的形式。

徐显秀墓、湾漳墓的壁画与墓道结构关系更为严密。虽然那些仪仗中的人物也可能在一定程度上受到手卷构图的影响，但其结构更像是一些

图二〇　山西忻州九原岗北朝墓墓道西壁壁画第三层局部

高明的画手直接在现场创作而成。可能由于名画家与丧葬之事保持一定距离，所以即使像湾漳墓如此高等级的墓葬，如果不借助画稿，其壁画也达不到娄睿墓那样的水准。

正如许多学者指出的，山东临朐冶源海浮山天保二年（551）东魏威烈将军、南讨大行台都军长史崔芬墓西壁墓主像“左右扶凭”的图式，与传为顾恺之所作的《洛神赋图》起首曹植的形象十分一致。这说明墓葬壁画与手卷等形式的绘画的联系，有着多种方式和渠道。手卷的图像转移到墙壁上，不仅尺幅大大扩展，而且由一种便携式、私人性的绘画，转化为礼仪性、公共性的作品。也正是在这个时代，一些皇帝和贵族雅好丹青，绘画艺术开始在社会上层流行。在经过魏晋的薄葬风气之后，当南北朝政权试图建立新的制度之时，也采取了与两汉帝王不同的方式，大量采用原来只流行于社会中层和民间的壁画。考虑到这一大背景，我们就应该打通卷轴画和墓葬美术的藩篱，将二者统合在一起进行观察，以重构绘画史更为完整的图像。

主讲人 / 张庆捷

丝路故事

——太原隋代虞弘墓解读

（纪念太原隋代虞弘墓发掘 20 周年）

主讲人 / 张庆捷

山西省考古研究院研究员

丝绸之路始自西汉都城长安，经过粟特绿洲国家以及今天的阿富汗、伊朗、伊拉克、叙利亚等而达地中海，以大秦为终点，全长3万余里（北魏里制）。这条路是连接亚欧大陆的贸易文化之路，也是中国古代最重要的东西方文明交流通道。丝绸之路是一条神奇之路，也是一条充满风险之路，在丝绸之路上，行走着无数商队、使团、游客和僧侣，在万里丝路途中，每天发生着许多故事，虞弘就是其中一位很有代表性的人物。

一、发现虞弘墓——故事的缘起

1999年7月8日，北方进入盛夏季节，赤日炎炎，天气异常酷热，王郭村正在修路，一场大雨从天而降。住在村子东南角的村民王秋生想，路没修完，还没修水渠，别让雨水浸泡了院墙，于是提锹出门，想在土路南边挖个小水渠，让雨水从路南流走。可是没挖两下，便蹬不下去了，一块硬物死死顶住铁锹。他好生奇怪，就把仅半锹深的路土铲去，一长段白色石头露了出来。他忙大声呼叫邻居来看，谁也看不明白，大伙七手八脚顺着石头四缘挖开，一个汉白玉石屋顶显现出来，还有四道墙壁将汉白玉屋顶围在中间。村民意识到这可能是一座墓顶已被破坏的古代砖室墓。按村里习俗，农历五月不动墓，村民商量，等过了五月再说。次日，指导修路的晋源区城建委主任武春晖得悉王郭村村民发现了古墓，立即通知晋源区文物旅游局。晋源区文物旅游局局长张兴民、副局长李爱国马上率李爱民赶到古墓现场，组织人员保护，并将此事上报省、市有关部门。就这样，隋代虞弘墓便踏着历史沉重的脚步向我们缓缓走来。

虞弘墓位于太原市晋源区王郭村村南一条东西向的土路上，路宽4米，路北边紧邻着村民的住房，路南皆为玉米地（图一）。距虞弘墓西南600米处，原有北齐东安王娄睿墓，该墓于1979年开始钻探，次年正式发掘。据村民反映，在虞弘墓之南百余米处，地表上曾有体积较大的石猪、石羊、石狮等，修整土地时，被埋入了东面路边的土沟内（图二）。

虞弘墓由墓道、甬道、墓门、墓室几部分组成。总长13.65米，坐东北向西南。墓道残存长度8.5米，宽约2米。甬道长1.25米。墓室平面呈弧边方形，残存墓室及四壁具体尺寸如下：东西弧边中部长3.9米，弧边两头东西长3.66米；南北中部长3.8米，两端南北内长为3.55米。砖壁厚0.34米，残高最低约为1.65米，最高1.73米，比墓室中部摆放的石椁（堂）顶部还低约0.3米（图三）。虞弘墓为单室砖墓，砖壁略带弧形，砌法是三顺一丁，共四组。墓室地面未铺地砖，仅在四周墓壁下用砖平铺一层，呈方形框，作为砖壁基础，弧形砖壁就砌在这方形砖基上（图四、图五）。经过艰苦发掘，一个完整的汉白玉制的石椁（堂）终于摆脱了千年积土的重压，呈现在今人眼前。该石椁（堂）内外雕绘着贴金彩绘图像，骑马的、骑骆驼的、骑象的，还有不少狩猎图、出行图和宴饮舞蹈图。更令人吃惊的是，石椁（堂）上近百位人物，个个深目高鼻，服装奇异，前所未见。考古队按捺住心中的惊奇，沉

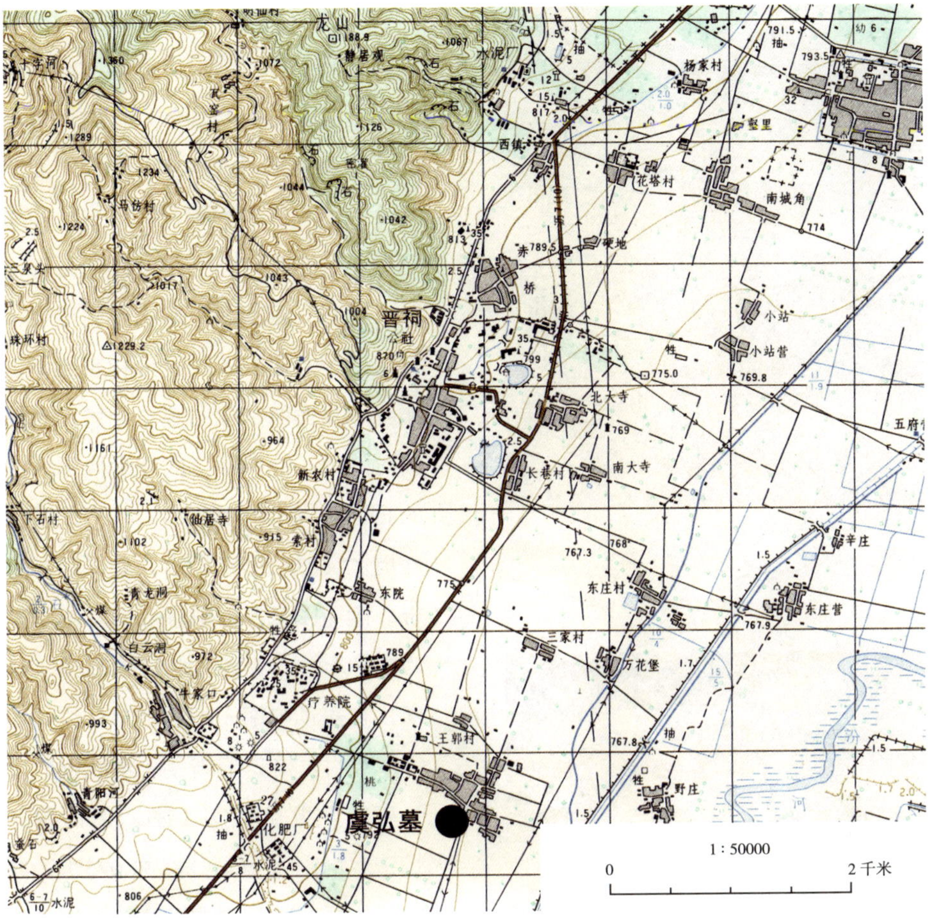

图一　虞弘墓位置示意图

心静气地继续发掘，墓底的随葬品，诸如汉白玉人物俑、砂石人物俑、墓志、汉白玉柱、汉白玉莲花座等也在考古队员的手下一一除去泥土，重见天日了。

墓内葬具仅存一具汉白玉石椁（堂），安放在墓室中部偏北之处。该石椁（堂）外观呈三开间，歇山顶式殿堂建筑，由长扁方体底座（石床）、中部墙板和歇山顶三大部分组成，每一部分又由数块或十几块汉白玉组成。石椁（堂）总长2.95米、宽

图二　虞弘墓发掘前地面

图三　虞弘墓石椁（堂）顶部

2.2米、高2.17米。考古发掘到中期，石椁（堂）多半浮现出来，考古队看到图像中尽是波斯因素，不免产生疑问。这究竟是何人墓葬？来自何处？葬于何时？这些问题，将考古队的注意力自然地吸引到了墓志上。

考古人都清楚，墓志相当重要，它不仅记载墓主人的身份和履历，也能够解释图像产生的基本背景。尤其面对的是一幅幅陌生的充满异国风情的石椁（堂）浮雕图案，墓志的重要性更加突显。谁也明白，如果没有墓志，读懂图像异常艰难。虞弘墓志盖为盝斗形，长、宽均约0.73米，厚0.08米，志盖顶中部先阳刻出九个边长约0.11米的方格，阳刻“大隋故仪同虞公墓志”九个篆字（图六）。墓志长、宽均约0.73米，厚约0.075米，共25行，行26字，除右下角缺25字外，还存字 625个，分志与铭两部分。

石椁（堂）四周内外皆为雕绘，由五十多个单体图案组合而成，图案内容丰富，具体有宴饮图、乐舞图、射猎图、家居图、行旅图等。其中狩猎图中，多为骑马、骑象、骑骆驼搏杀狮子者，人狮搏斗的场面甚为激

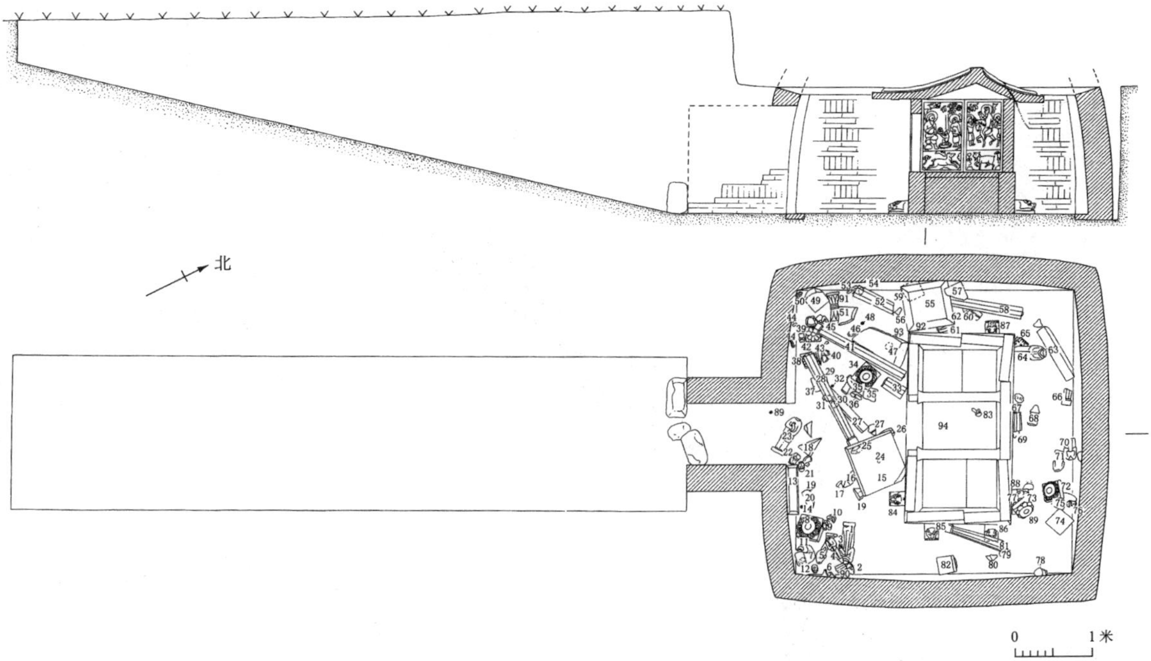

图四　虞弘墓墓葬平面、剖面图

烈。图中人物皆深目高鼻、黑发，人种属于地中海高加索人种。图中的人物服饰、器皿、乐器、舞蹈以及花草树木等，均源于波斯与粟特诸国，典型的有带绶鸟、带绶马、“胡腾舞”、带端为葡萄叶形飘带及长帔等（图七），波斯、粟特文化色彩非常浓厚突出，有些画面甚至和袄教有关。

面对如此色彩斑斓、内容丰富、前所未有的珍贵文物，保护工作成为比研究还重要的问题，首要问题是如何保护彩绘色彩不掉。石椁（堂）才露出一半，省文物局及时向国家文物局有关领导报告该项发现，同时邀请中国文物保护研究所和国博有关专家速到现场，制订保护方案。时任省局文物处处长宁立新和省考古所所长张庆捷到山西省古建筑研究所拜访柴泽俊等几位古建专家，根据古建专家意见，决定采取古建筑壁画的传统色彩保护办法，即以胶矾水为主，配置一种不改变原有色彩的保护剂。配置色彩保护剂的任务交给山西省古建筑研

1 | 2
3 | 4

1. 石椁（堂）
2. 石椁（堂）前面西部的随葬品
3. 石椁（堂）东侧的随葬品
4. 石椁（堂）前面东部的随葬品

图五　虞弘墓发掘现场情况

究所的郝启德先生，他参加过永乐宫搬迁后壁画的保护，经验非常丰富。郝先生经过反复试验，找到最适合汉白玉彩绘的保护配方，成功保护了虞弘墓石椁（堂）图像。这种保护剂寿命大约为30年，现在已经过去20年，因此，加强监护、制作寻找新的保护方案和途径应该开始考虑和试验。

2000年，西安安伽墓石堂出土后，《文物天地》作了报道，该刊

图六　虞弘墓志

物编辑介绍祆教资料说："直到1999年，中国的祆教画像石才开始被学界注意。太原隋虞弘墓祆教画像石墓的发现引起了学界的一场地震，被评为当年的中国十大考古新发现。"虞弘墓的珍贵价值，主要体现在以下四个方面：一是因为虞弘墓是经过科学发掘的，不可怀疑；二是墓志上有准确纪年，时代明确；三是墓志上清楚记载虞弘乃鱼国人，地处西域；四是虞弘墓出土石椁（堂）是完整的，图像齐全。有此四大优势，所以虞弘墓的问世，除可证明国外类似图像资料的真实性外，更为重要的是，还为流散国外、时代不明的类似零散图像资料提供了断代标准。中国古代文献中有许多关于入华粟特人及其活动的记载，但墓葬壁画和墓

图七　虞弘墓石椁（堂）图像

志很少发现，反映其民族系列生活的图像更是少而又少。从这个角度讲，虞弘墓的发现，填补了这个空白，揭开了古代入华粟特人的神秘面纱。

二、虞弘墓再次引起学界对山西与丝绸之路关系的探讨

如前所述，丝绸之路是连接亚欧大陆的贸易文化之路，也是中国古代最重要的东西方文明交流通道。山西与丝绸之路联系由来已久，先秦已有交往，晋侯墓有西来玛瑙首饰。广灵汉墓出土陶胡人俑、朔州汉墓出土铜质胡人俑（图八）以及曾出土的汉时期的16枚罗马古钱币，可证山西与西域的联系。然山西与丝绸之路保持最密切关系的时期，莫过于北朝。丝绸之路像一条大河，有主流也有支流，涓涓细流保持了丝绸之路的繁盛和延续不断。北朝时期，山西有两个城市非常重要，一个是北朝前期的平城，一个是后期的晋阳。北魏后期起，晋阳地位日益重要，“霸业所在，王命是基”，北魏后期的尔朱荣、高欢都是依靠雄踞晋阳、掌控并州精骑而遥控朝廷、争夺天下。

翻阅《汉书·西域传》《后汉书·西域传》和《晋书·西域传》，分别记载了西域诸国到达中国京师（东端）的距离。《汉书》记载诸国距京师的距离，是以长安为目的地；《后汉书》和《晋书》记载西域诸国距中原的距离，均以洛阳为目的地。时间进入北朝，翻阅《魏书·西域传》和《北史·西域传》，记述西域诸国，都是记载距离代（平城）多少里，如洛那国（今中亚费尔干纳盆地，位于今乌兹别克斯坦、塔吉克斯坦和吉尔吉斯斯坦三国交界处）“去代一万四千四百五十里”，粟特国（今乌兹别克斯坦共和国）“去代一万六千里”，波斯国（今伊朗）“去代二万四千二百二十八里”，大秦国（古代罗马帝国）“去代三万九千四百里”。可见在古代史家心目中，北魏王朝所在的平城成为该时期丝绸之路的东端，而整个并州地区皆成为粟特人活动的重点区域。平城遗址有关丝路的遗迹和遗物，最

1|2 1. 广灵县汉墓出土胡俑
2. 朔州出土汉代铜镇俑

图八 山西出土的部分丝路器物（一）

著名的当属云冈石窟，是佛教通过丝绸之路直通平城的最大物证，其中西因素相互结合，独一无二。在平城遗址内，还出土许多丝路器物，如鎏金高脚酒杯、仿波斯银盘、琉璃碗、银质耳杯、镶宝石金戒指、波斯银币、外来造型的四狮环立石灯、各种粟特伎乐俑和牵骆驼的俑、丝绸之路东传乐器等（图九），充分显示出丝绸之路与平城的重要关系。2002年冬季，大同迎宾大道北魏墓葬中出土一个玻璃壶，形制与北魏墓中随葬的陶壶接近，可视为本地生产玻璃器的物证。

《魏书·西域传·大月氏国传》：

世祖时，其国人商贩京师，自云能铸石为五色琉璃，于是采矿山中，于京师铸之。既成，光泽乃美于西方来者。乃诏为行殿，容百余人，光色映彻。观者见之，莫不惊骇，以为神明所作。至此中国琉璃遂贱，人不复珍之。

东魏北齐时期，晋阳是军政中心之一，“齐氏别都”，商贸发达，

1	2
3	4
5	6

1. 中亚银盘
2. 八曲银长杯
3. 鎏金酒杯
4. 玻璃器
5. 鎏金錾花高足银杯
6. 玻璃碗

图九　山西出土的部分丝路器物（二）

留下许多胡人活动的记录与遗物。晋阳周围发现很多王级墓葬，如武安郡王徐显秀、东安郡王娄睿等的墓葬。此外，据碑刻墓志资料记载，北朝以降，晋阳定居着许多粟特人，见于墓志的粟特人就有翟娑摩诃、翟突娑父子、安吐根、翟楷、虞弘等。

虞弘与丝绸之路关系密切。虞弘何许人也？来自哪里？何时到达并州？何谓萨保府？墓志清楚记载："公讳弘，字莫潘，鱼国尉纥驎城人也。"鱼姓改为虞姓的例子在史书中也有记载，《隋书·虞庆则传》载："虞庆则，京兆栎阳人也。本姓鱼。"他是鱼国人，却并非来自鱼国，墓志记载："年十三，任莫贺弗，衔命波斯、吐谷浑。转莫缘，仍使齐国。" 以后便在北齐、北周和隋为官，一度"检校萨保府"，卒于隋开皇十二年（592）。北齐于公元550年立国，这期间柔然使齐的记载有多次，如天保元年两次、天保二年两次。因此推测，虞弘来并州时间，当在北齐天保初年。来的目的，显然是为增进两国关系。"萨保"一词源于印度地区，原为商队首领，作为官职是在粟特地区。随着粟特人移居中国，萨保一职被带入中国。萨保府是一个政教合一的胡人管理机构。祆教及萨保传入中国的具体时间，至晚在公元4世纪初叶，即西晋后期。

理清虞弘身世，利于下一步考察石椁（堂）及其图像内涵。现发现入华粟特人石堂或石床榻的有西安康业石床榻［北周天和六年（571）］、青州傅家墓出土画像石［北齐武平四年（573）］、西安安伽墓石床榻［北周大象元年（579）］、西安史君墓石堂［北周大象元年（579）］、Miho博物馆藏石床榻（北齐）、波士顿博物馆藏安阳出土的石床榻（北齐）、中国国家博物馆新收藏北朝"房屋形石椁"（捐献品）、甘肃天水石马坪石床榻（北朝后期）、法国吉美博物馆所展石床榻（隋代以前）、西京博物馆藏隋代安备石床榻［隋开皇九年（589）］、太原虞弘墓石椁（堂）［隋开皇十二年（592）］、美国大都会博物馆收藏的残缺床榻。

虞弘墓石椁（堂）图像是一个以中亚、西亚为背景展开的、由几方面内容组成的整体，是一个由许多单幅图像组成的历史画卷。根据画像自身的内容和布局，我们将虞弘墓石椁（堂）图像分成三个部分，区分的标准主要有四个：一是图像本身的内容及其与墓主人的亲疏关系；二是图像本身在整个布局中的位置；三是当时的图像设计师对各部分画面的重视程度，即依据设计师重点表现的部分，这些重点部分被设计者表现出来，除通过布局位置显示外，还通过制作工艺的精细度来表示；四是从各画面主要人物表现的气质、尊卑、服饰、社会地位等来展示。中部由九块大石板组成的石椁（堂）墙壁应是第一部分。各浮雕出一大一小主、辅两个画面，然后再加以彩绘，主画面大，气势非凡，位置格外醒目，浮雕工艺精良，人物身份高贵，无疑在所有画面中占主要地位。与北朝墓室壁画相比，它们的位置相当于墓室四壁的壁画。

同样，在这九块石板的其中七块上，即左、右两侧和后侧椁壁朝外的部分，又各用白地墨线画了侍者，画面很大，工艺简单，五男二女，或跪或立。这类身份的人，在传统墓葬壁画中，身份低下，都是墓主人贴近的人物，往往被绘置于墓室中，考虑及此，我们把它们看作虞弘墓石椁（堂）图像的第二组成部分。虞弘墓石椁（堂）椁座外壁上下也都有图像，其中正面、背面、左右侧面的图像都是浮雕加彩绘，背面只有彩绘，四面共有图像29幅，主要雕绘于椁座四周外壁特定的壁龛和壶门内，内容和民族成分较为复杂，表现的是游牧民族基本成员现实的日常生活，气质、服饰都不及第一部分的中心人物，虽然他们也是单独画面，但是画面较小，分布密集，所以我们将这部分画面看作虞弘墓石椁（堂）图像的第三组成部分。

该石椁（堂）图像内容分三个部分，实际上最重要的仍是第一部分，因为这一部分是解读石椁（堂）图像的关键。经过我们对这部分图像的排列顺序反复推敲，九幅图像又可细分为两组，前四幅（1—4）为一组，后五幅（5—9）为一组。这两组图像可能分别表现了墓主人的生前和死后，第五幅图是区分两组图像的界限，以第五组为界，前、后两组表现了两个阶段、两种生活、两种境界。前一组的四幅图画，表示了墓主人虞弘生前作为凡人的经历和本民族的生活情景。后一组的五幅图画，表示了墓主人死后所希望进入的生活境界（图一〇—图一三）。

虞弘墓石椁（堂）图像中，有三个民族的人物形象，即粟特人形象、波斯人形象与突厥人形象。粟特人形象最多，在图像人物数量中所占比例最大。石椁（堂）图像内计有人物85人（包括两个人首鹰身者），其中粟特人形象约50人，达到多半。粟特人是“昭武九姓”诸国人的泛称，由许多国家的人所组成，服饰、发式均有一些差别。运用文化因素分析法，从虞弘墓石椁（堂）图像的主要内容、民族属性、文化信仰、生活方式、自然环境、日常用品、国别因素、艺术特色等多个视角考察与比较，初步了解到，虞弘墓石椁（堂）图像内容和艺术特点既有来自波斯的，也有来自粟特的。

虞弘墓石椁（堂）图像也有胡腾舞形象，该舞也见于唐诗，如：

王中丞宅夜观舞胡腾

刘言史

石国胡儿人见少，
蹲舞尊前急如鸟。
织成蕃帽虚顶尖，
细氎胡衫双袖小。
手中抛下蒲萄盏，
西顾忽思乡路远。
跳身转毂宝带鸣，
弄脚缤纷锦靴软。
四座无言皆瞪目，
横笛琵琶偏头促。
乱腾新毯雪朱毛，
傍拂轻花下红烛。
酒阑舞罢丝管绝，
木槿花西见残月。

胡腾儿

李　端

胡腾身是凉州儿，
肌肤如玉鼻如锥。
桐布轻衫前后卷，
葡萄长带一边垂。
帐前跪作本音语，
拾襟搅袖为君舞。
安西旧牧收泪看，

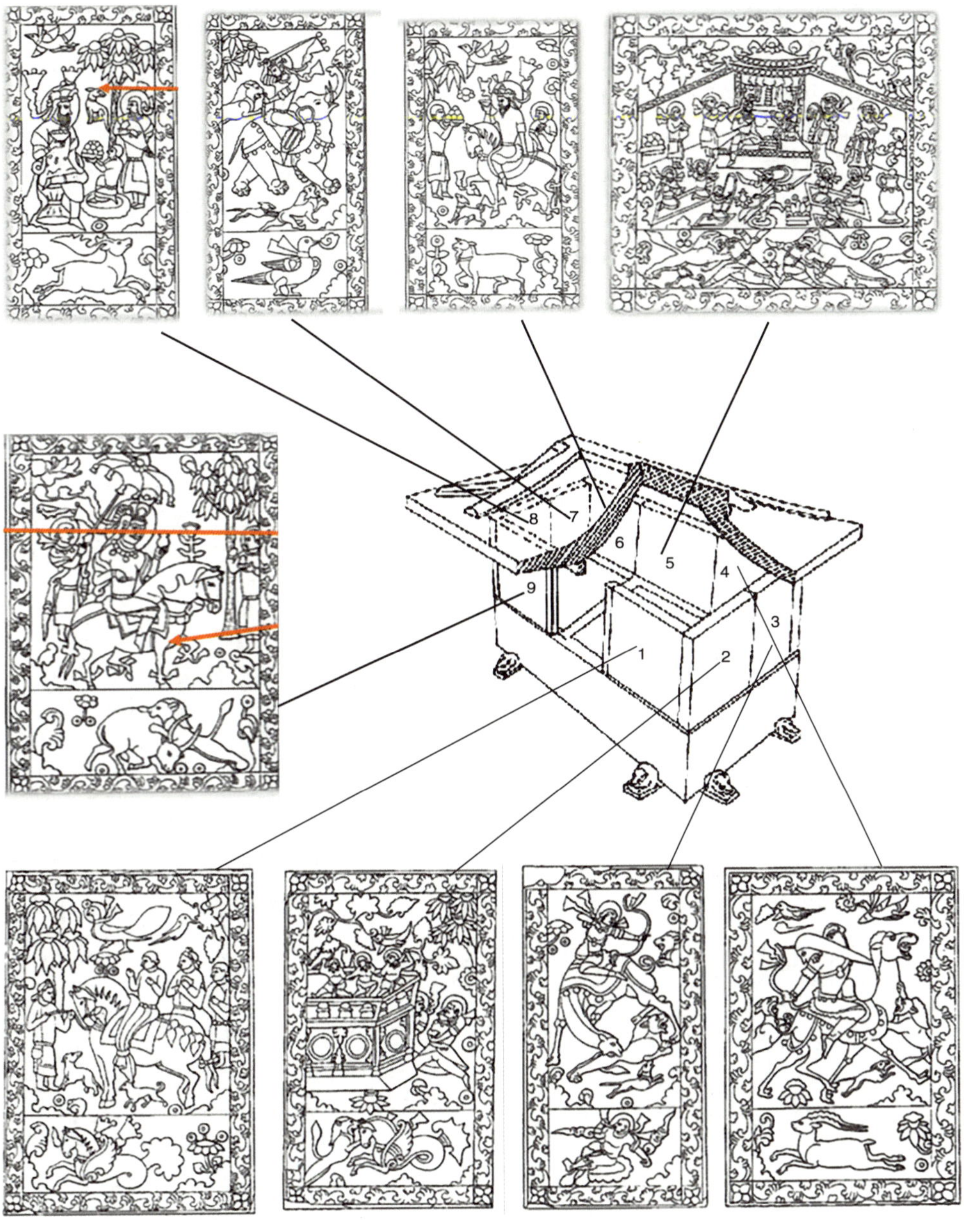

图一〇　虞弘墓石椁（堂）图像线图

图一一　虞弘墓石椁（堂）图像第一部分

图一二　虞弘墓石椁（堂）图像第二部分

图一三　虞弘墓石椁（堂）图像第三部分（乐舞、饮酒、狩猎）

洛下词人抄曲与。
扬眉动目踏花毡，
红汗交流珠帽偏。
醉却东倾又西倒，
双靴柔弱满灯前。
环行急蹴皆应节，
反手叉腰如却月。
丝桐忽奏一曲终，
呜呜画角城头发。
胡腾儿，胡腾儿，
故乡路断知不知。

虞弘墓石椁（堂）正中的舞蹈者（图一四），与李端《胡腾儿》唐诗相比，有同有异。相同之处是：一是舞者都系男子，而且都是疾速独舞；二是这些舞蹈者多与酒有关系。不同之处在于这些舞者有的脚下有毡，有的无毡；有的戴帽，有的光头；有的身上有长帔，腰间有软带，有的身上无长帔，腰间无软带，服装整齐。尽管存在这些不同，但我认为他们跳的也是“胡腾舞”或与“胡腾舞”是同一性质的舞蹈。之所以有这些差异，恐与场合不同或民族不同有关。这些差异也反映出胡腾舞不一定只出于石国，很可能在粟特地区的其他国家也有这种舞蹈，只不过是石国的胡腾舞比较出色罢了。

虞弘墓图像题材丰富，表现了墓主人生活的各个侧面，有通过狩猎、搏杀群狮等情景描绘粟特、波斯、突厥民族勇敢精神的，有通过乐舞、宴饮等情景表现这些民族美好生活的，有通过祭坛、神灵等细节显示这些民族的信仰和神话的。由于每幅图像都有表面的意思和在特定文化历史背景

图一四　虞弘墓石椁（堂）胡腾舞图像

下具有的深层意思，加上我们对其文化背景尤其是葬俗和有关信仰所知有限，因此每幅图像之间的关系如何是个需要长期探讨的问题，恐难以在短期内彻底解决。

就虞弘墓石椁（堂）图像看，第一部分九个大画面的独立性很强，也很鲜明，每幅画面都有单独的主题。但细细观摩品味，在相同的大历史背景下，各幅图像间也有着隐隐约约的联系。至于第二、三部分图像，各画面之间的连续性似乎也不明显，给人的感觉是，第二、三部分各画面是以其本身的独立性和拼凑的整体性来表现生活的。在艺术特色上，图像的表现方式主要是浮雕，其次是绘画，绘画又分为彩绘与墨绘两种。精华部分是浮雕加彩绘那些图像，浮雕图像不是出自一人之手，至少是出于两个工匠之手。一个所刻浮雕图像边沿直起直下，棱角分明，显示出刀法较硬；另一个所刻浮雕图像边沿比较圆润，由底到面过渡光滑，显示出刀法较柔。画面均为单幅图像，每幅图像或自然用椁壁区别，或人为使用壁龛、壶门等形式分开，主要画面模仿了波斯遗存的摩崖石刻和波斯银盘表现英雄和重大事件式的纪念性画面，内涵深厚，中心人物突出，布局简洁疏朗。我们可以将这些图像统称为“仿波斯风格的图像”，追溯其源，一是波斯，二是中亚，合二为一。几乎所有人物、动物表现的都是侧面或半侧面，弯弓射箭者有弓无箭也是模仿波斯艺术，与北朝墓葬画像截然不同。超现实的夸张形式，如许多飘带头不是朝下，而是朝上。狩猎是游牧民族图像艺术中恒久的主题，除波斯和粟特常见的人狮搏斗图外，还有即使在波斯和粟特也罕见的牛狮搏斗图、犬狮搏斗图、象狮搏斗图、马狮搏斗图，甚至还有骆驼与狮子撕咬的场景。这些新颖的特点，继承于波斯而又有所创新，增添了图像整体的艺术魅力。

通过以上多视角比较，基本厘清虞弘墓石椁（堂）图像的种种艺术特点，探索了虞弘墓石椁（堂）图像内容和艺术特点的来源及演变。但虞弘墓志与图像中仍有许多未解之谜，鱼国究竟在哪里？虞弘和《隋书》记载的虞庆则是何关系？隋代鱼姓为何改为虞姓？虞弘是否经商？并、代、介三州萨保府的职能是什么？火坛是祆教唯一的标识吗（图一五）？头光是神界人物的标识吗？图像中的王和波斯王的异同是什么？图像画面是虞弘死后创作还是来自本土？这些问题有待于进一步探索。

图一五　祆教火坛

三、结　语

山西从北魏起，就与丝绸之路发生密切关系，平城、晋阳居住着大量粟特人。入华粟特人职业多种多样，商人、乐伎、工匠等长期留华的粟特人中，从军人数众多，导致唐代军队中有大量粟特人，身份最贵者乃是做官。虞弘是成千上万入华粟特人中的一个代表，他的经历、身份以及执掌萨保府，与当时亚洲局势和丝绸之路变化有关，更与北朝后期中国政局动荡有关。虞弘墓石椁（堂）展示的鱼国和西域的生活、民俗、信仰、歌舞、风情、艺术等，成为研究丝绸之路及入华粟特人的珍贵资料，有很重要的研究价值。

主讲人 / 荣新江

北朝时期胡人的东进与祆教的流行

——以河东地区为中心

主讲人 / 荣新江
北京大学历史学系教授

我在北京大学讲授"隋唐史"与"中外关系史"两门课，中外关系史研究不像隋唐史研究有大量文献资料做支撑，所以在课程中需要大量考古资料对这个学科进行支撑。多年来，我也一直在追踪新的考古材料，我自己还有一个研究专业——出土文献研究，研究内容为敦煌、吐鲁番、和田、库车等丝绸之路沿线出土的写本与文书材料，过去我曾利用这些材料进行隋唐史的研究，近年来我将研究视野更多地转向丝绸之路及沿线文化的研究。今天因为国家"一带一路"政策的大力推进，"丝绸之路"已经成为家喻户晓的文化名词，也使得"丝绸之路"概念及其相关文化的研究更加学术化，我个人也更多地关注了丝绸之路的文化和材料，先后走访乌兹别克斯坦、吉尔吉斯斯坦、塔吉克斯坦、土耳其、伊朗等国的丝绸之路遗址。值得一提的是，中国与当地国家组成的联合考古队也以"丝绸之路"文化研究为课题，在上述地点开始开展相关的考古工作，取得了一定的成果。

从20世纪90年代初开始，我从敦煌、吐鲁番的文书研究转移到中古时期胡人及其相关文化研究，具体来说主要是研究粟特人及其相关文化。国际上，对粟特人、祆教（琐罗亚斯德教）的研究在整个学科研究体系中属于伊朗学研究范畴。我过去做塔里木盆地西南的绿洲王国——于阗的研究。于阗人讲的是于阗语，属于印欧语系下的东支伊朗语，粟特人讲的也是东支伊朗语。所以在国际上的学科体系划分里，于阗与粟特的研究都属于伊朗学的研究范围，我做于阗文化研究，因此与国际上伊朗学、粟特文化、琐罗亚斯德教研究学者来往密切。

每一个学问的研究都有着深厚的学脉，我做学问的运气其实非常好，我在1990年开始转入到粟特人在中国的遗迹及相关文化研究，1998年发表《北朝隋唐粟特人的迁徙及其聚落》。1999年发现虞弘墓，2000年发现安伽墓，之后又陆续发现了史君墓、康业墓等粟特首领级别的墓葬，这些珍贵的材料对于中国的历史学、考古学、美术史等相关领域学者而言都是新的研究课题。在中国学者的书斋里，是没有收集过这些资料的。我二十多岁开始有机会出国交流学习，以后每次出国都要复印大量于阗语、粟特人相关的研究文献，因为有一点积累，也就投入到这个领域的研究里面，一直到现在。任何文化的研究都有它系统的学术的理路，对粟特人文化的研究也是如此，而我也一直在探索中。

在这里，我试图探索魏晋南北朝时期以粟特人为主的西域胡人进入中国的历程，特别着眼于曾经驻足于古代山西地区的胡人领袖，如虞弘、翟娑摩诃、龙润等，分析他们如何从商队首领转变成聚落首领，并窥测他们所建立的胡人聚落的内涵，特别是随着这些胡人民众的到来，古代伊朗传统的琐罗亚斯德教，即中国古代称之为祆教的民俗化宗教信仰，如何进入中国，并透过丧葬习俗、曲词文艺等方面，来看看祆教对传统中华文化的影响。

一、从虞弘墓发现说起

1999年7月，山西考古工作者在

太原市晋源区王郭村，用科学的考古手段发掘出完整的虞弘墓石椁，并且和记有确切的入葬年代［隋开皇十二年（592）］和墓主人身份的墓志一起出土（图一）。1999年虞弘墓的发现在粟特文化研究史上是一个标志性的事件，虞弘墓石椁、墓志和少量留存的石俑等资料，足以让研究者为之震撼。虞弘墓石椁是一组非常了不起的艺术品，从材质、图像素材等方面看，它的等级要高于安伽墓、史君墓。尤其是虞弘墓志上的信息对中古对外交流史知识体系研究起到了很大的推进作用。

虞弘墓志

［隋开皇十二年（592）］

公讳弘，字莫潘，鱼国尉纥驎城人也……弈叶繁昌，派枝西域……□□（祖讳）奴栖，鱼国领民酋长。父君陁，茹茹国莫贺去汾达官，使魏□□□□朔州刺史。公承斯庆裔，幼怀劲质……扬乌荷戟之龄，□□□月之岁。以公校德，彼有惭焉。茹茹国王，邻情未协……年十三，任莫贺弗，衔命波斯、吐谷浑。转莫缘，仍使齐国。文宣□□，焕烂披云，拘絷内参，弗令返国……寻迁使持节、都督凉州诸军事、凉州刺史、射声校尉……除假仪同三司、游击将军……武平既鹿丧纲颓，建德遂蚕食关左。收珠弃蚌，更悛琴瑟，乃授使持节、仪同大将军、广兴县开国伯，邑六百户。体饰金章，衔辔簪笏，诏充可比大使，兼领乡团。大象末，左丞相府，迁领并、代、介三州乡团，检校萨保府。开皇转仪同三司，敕领左帐内，镇押并部……春秋五十有九，薨于并第。以开皇十二年十一月十八日葬于唐叔虞坟东三里。

据墓志铭记载，虞弘一生颇具传奇色彩，是一个非常了不起的人物。虞弘祖、父原为茹茹国（柔然）官员，担任鱼国部落领民酋长。虞弘从小受到很好的教育，十三岁时代表茹茹国出使萨珊波斯、吐谷浑等国，在北齐、北周、隋三代历任显职。虞弘出使北齐时被留任，先后担任都督凉州诸军事、凉州刺史、射声校尉。凉州是丝绸之路上最重要的城市，史君曾担任凉州地区萨保（凉州胡人聚落的首领）。虞弘担任凉州刺史，其级别要远高于史君。北周末年，虞

图一　虞弘墓志

弘迁领并、介、代三州乡团，掌检校萨保府，掌管整个山西中部、北部的胡人部落，可见其地位之高。在开皇十二年，五十九岁的虞弘去世，葬于晋阳。

如果没有这方墓志，我们就不可能知道有虞弘这么一个伟大的人物，他年轻时以外交使者的身份出使波斯、吐谷浑，后又在北齐、北周、隋三朝为官，并且成为中原王朝管理胡人聚落的关键人物。太原地区出土了许多魏晋南北朝时期体现中外交流的考古发现，其中虞弘墓最为重要，虞弘石椁上有明显带有中亚粟特风格的浮雕。在陕西地区也出土了一些入华粟特人首领级别的墓葬，如安伽墓、史君墓、康业墓等，而虞弘检校并、代、介三州萨保府，其级别要比他们都高。

并州地区在虞弘所处的时代，我们还可以找到并州大萨保，翟突娑的父亲——翟娑摩诃，萨保府长史——龙润（图二）等，而今天可以确认的粟特人，如翟突娑、安师、康武通、安孝臣、龙润夫人何氏等，根据其墓志记载，都与并州、太原有着密切关系。北朝时期，并州是胡人聚居的重要地区。此外，在代州（雁门）也有墓志记载有不少粟特人。如《康达墓志》称："祖逵，齐任雁门郡上仪同。"后周显德元年（954）《安重遇墓志》称："公讳重遇，字继荣，雁门人也。"《何君政墓志》题为"大晋故鸡田府部落长史何公志铭"，文称："公讳君政，家本大同人也。公主领部落，抚弱遏强……去长兴三年（932）十二月一日，于代州横水镇终于天命。夫人安氏……以天祐年四月十九日在京宅内〔卒〕。"何姓与安姓、康姓胡人联姻，还保留着粟特人的内婚制。介州即山西介休，今天介休城关大街东端仍有祆神楼，其北面曾有传说建于北宋时期的祆神庙，后改为三结义庙。

原本远居于中亚的粟特民族，为什么不远千里东行至山西呢？这与粟特人"利之所在，无远弗至"的商业民族传统有密切的关系。

后面是关于并州（太原）胡人的墓志记载：

翟突娑墓志：

君讳突娑，字薄贺比多，并州太

图二　龙润墓志

原人也。父娑摩诃，大萨宝、薄贺比多。（突娑）春秋七十，大业十一年（615）岁次乙亥正月十八日疾寝，卒于河南洛阳县崇业乡嘉善里。

安师墓志：

君讳师，字文则，河南洛阳人也。十六代祖西华国君，东汉永平中，遣子仰入侍，求为属国，乃以仰为并州刺史，因家洛阳焉。

康武通墓志：

公讳武通，字宏达，太原祁人也。祖默，周任上开府仪同大将军。父仁，隋任左卫三川府鹰扬郎将。〔康武通〕仕至大将军阳城县开国子。以贞观十二年（638）改授陪戎副尉，从班例也。春秋七十有五，以贞观廿三年五月十九日终于〔洛阳〕章善坊里第。

何氏墓志：

夫人，太原人也。远祖因宦，今家洛阳焉。

安孝臣墓志：

君讳孝臣，太原郡人也。

龙润墓志：

君讳润，字恒伽，并州晋阳人也……君属隋德道消，嘉遁贞利，资业温厚，用免驱驰。唐基缔构，草昧区夏。义旗西指，首授朝散大夫，又署萨宝府长史……永徽四年（653）九月十日，薨于安仁坊之第，春秋九十有三……永徽六年（655）二月廿日……与夫人何氏，合葬于并城北廿里井谷村东义井村北。

二、萨保与萨保府

粟特商人在丝绸之路上的一些便于贸易和居住的地点留居下来，建立自己的殖民聚落，一部分人留下来，另一部分人继续东行，去开拓新的经商地点，建立新的聚落。久而久之，这些粟特聚落由少到多，由弱变强，少的几十人，多者达数百人。在中原农耕地区，被称为“聚落”；在草原游牧地区，则形成自己的“部落”。因为粟特商队在行进中也吸纳许多其他的中亚民族，如吐火罗人、西域（塔克拉玛干周边绿洲王国）人、突厥人加入其中，因此不论是粟特商队还是粟特聚落中，都有多少不等的粟特系统之外的西方或北方的部众，所以，我们把粟特聚落有时也称为胡人聚落，可能更符合一些聚落实际的种族构成。他们在丝绸之路沿线建立了一连串储存货物、经营贸易的据点，并逐渐形成网络。粟特人从公元二三世纪到十世纪，一直把持着丝绸之路沿线的商道。

中国古代长时期重农抑商的传统使得记载商业模式的文书罕见，更不会记载外来的胡商。但是丝路沿线出土大量的文书和文物让他们的面貌逐渐变得清晰起来。1907年，英国探险家斯坦因在敦煌长城烽燧下发现粟特文古信札，并把它们带回了英国，这些信札是今天理解粟特商贸交流最重要的材料。信札中记录了有组织的粟特商队的首领（caravan-leader），粟特文叫作s′rtp′w，汉文音译作“萨保”“萨甫”“萨簿”“萨宝”等，以及萨保作为“商队首领”所要担负的职责。粟特文古信札（2号）记录了西晋末年312年前后，萨保以武威为大本营，派遣商队分别到邺城、洛阳、金城、酒泉、敦煌进行贸易活动。粟特文古信札（5号）是一封从凉州寄到楼兰给一位萨保的信件，显示在不同地区的粟特聚落间有畅通的邮驿网络。粟特文古信札（1号）（3号）中记录了一位粟特妇女因为丈夫外出做生意，多年未归，生活困苦，她向祆教寺庙的首领写信，请求首领帮助她和女儿跟随商队回到撒马尔干的老家。

通过粟特文古信札分析可知，粟特商人的贸易模式是以某个丝绸之路中心城市为据点，建立殖民聚落，构建出四通八达的贸易与信息传递网络，同时在聚落内以有类似法律功能的祆教寺庙来调节内部民事问题。可见粟特商团有一整套制度，以聚落和祆祠为中心，运营丝绸之路的贸易往来。粟特人是丝绸之路上非常了不起的贸易经营者和社会关系协调者。通过解读粟特文古信札可以看出，粟特商人从丝绸之路上将贵金属（金、银、黄铜）、药材、香料等带到东方，同时把长安、洛阳的丝绸等特色手工艺品，通过殖民聚落内粟特商人一站一站运到罗马，那时丝绸就与黄金一样珍贵。

虽说粟特民族是典型的商业民族，但是在其本土的考古发现中却很少看到表现商队贸易的图像材料。在陕西发现的史君墓中不仅发现了粟特文、汉文双语铭文（图三），更在石椁上发现了两幅商队贸易的图像，是非常珍贵的材料。在有限的画面上，第一幅图像的上部雕刻狩猎图，下部雕刻行进中的商队，商队右下角一位骑着骏马、头戴毡帽的商队首领，正拿着望筒瞭望远方，观察敌情。商人们手持短鞭驱赶着满载货物的驴、马、骆驼前进，队伍前方和边缘，则雕刻出配备武器的商队护卫形象。第二幅图像上部雕刻出粟特首领拜会住在帐篷里面的游牧部落首领形象，下部雕刻出商队休息的画面，骆驼已经跪下休息，下部的三名商人们正交头接耳谈论着，最左边的一位肩扛钱袋（图四）。安伽墓石屏商队休息图的上方同样也雕刻出商队首领拜会游牧部落首领，只不过商人拜会的人是住在虎皮毡帐中、披发的突厥首领的形象（图五）。在莫高窟中也有不少

图三　史君墓出土的粟特文、汉文双语铭文

图四 史君墓石椁商队图

粟特胡商的画面，其中最著名的就是第45窟“胡商遇盗图”，内容取自《妙法莲华经观世音菩萨普门品》中的一难——商人在山林遭遇强盗（图六）。画面描绘了山间一伙强盗执刀截住一群胡商，商人把钱袋与丝绸等货物卸在地上，向强盗求饶。这些胡商都深目高鼻、卷发浓髯，站在最前面的商队首领头戴高顶毡帽，身着绿色长衫，其身后的胡商多穿圆领长衫。商人神色慌张，双手合十，请求观音相助。

北朝后期，朝廷着力于收编这些带有准军事武装性质的粟特部落，这在出土粟特人的墓志中亦能找到根据。《安伽墓志》［大象元年（579）

图五　安伽墓图像上的商人

撰]记载，志主先“除同州萨保”，其后又“除大都督，董兹戎政，肃是军容，志效鸡鸣，身期马革”；《夏州天主仪同翟曹明墓志》[北周大成元年（579）撰]记志主乃“西国人也”，“祖宗忠烈，令誉家邦。受命来朝，遂居恒夏。君幼怀歧嶷，长有才雄。咢咢当官，恂恂乡邑。伤魏载之衰泯，慨臣下之僭凌（凌）。慕义从军，诛除乱廷巨猾。摧峰六军，振振寽赏”；《安兴贵碑》载“隋开皇中，起家为蜀王秀库真，迁都督检校

图六　莫高窟第 45 窟
“胡商遇盗图”

仪同兵。及秀废（602），又为大都督领本乡兵”。

根据目前在中国出土粟特人的材料，如果把他们在中国的一个个地点连起来，就能描绘出一幅粟特人在中国的分布路线图，也是一幅东部丝绸之路的路线图。

三、北朝的“胡化”

粟特人进入中原后，尤其将视野聚焦到北齐时期，带来了风靡一时的“胡化”风潮。这些风潮并没有改变中原传统的政治制度，但是给艺术层面，如音乐、舞蹈、服饰等方面带来了非常大的影响。北齐后主宠幸胡人舞乐艺人，荒唐奢侈以致亡国。《北史》卷九二《恩幸传》：“武平时（570—575）有胡小儿……其曹僧奴、僧奴子妙达，以能弹胡琵琶，甚被宠遇，俱开府封王……其何朱弱、史丑多之徒十数人，咸以能舞工歌及善音乐者，亦至仪同开府。”《隋书》卷一四《音乐志中》：“（齐）杂乐有西凉鼙舞、清乐、龟兹等。然吹笛，弹琵琶、五弦及歌舞之伎，自文襄（549年被杀）以来，皆所爱好。至河清（562—564）以后，传习尤盛。后主唯赏胡戎乐，耽爱无已。于是繁手淫声，争新哀怨。故曹妙达、安未弱、安马驹之徒，至有封王开府者……后主亦自能度曲，亲执乐器，悦玩无倦，倚弦而歌。别采新声为《无愁曲》，音韵窈窕，极于哀思，使胡儿阉官之辈，齐唱和之，曲终乐阕，莫不殒涕。虽行幸道路，或时马上奏之，乐往哀来，竟以亡国。”

唐张彦远《历代名画记》中记载：“曹仲达，本曹国人也。北齐最称工，能画梵像，官至朝散大夫。僧〔彦〕悰云：‘曹师于袁，冰寒于水，外国佛像，亡竞于时。’”后辈更是将之与画圣吴道子并称之曰：“吴带当风，曹衣出水。”唐道宣《集神州三宝感通录》卷中记：“时有北齐画工曹仲达者，本曹国人，善于丹青，妙尽梵迹，传摩西瑞，京邑所推，故今寺壁正阳皆其真范。”卢思道、斛律明月、慕容绍宗等像，《弋猎图》《齐神武临轩对武骑图》《名马图》，传于代。宋郭若虚《图画见闻志》卷一《论曹吴体法》有如下论说："曹、吴二体，学者所宗。"按唐张彦远《历代名画记》称，北齐曹仲达者，本曹国人，最推工画佛像，是为"曹"，谓唐吴道子曰"吴"。吴之笔，其势圆转，而衣服飘举；曹之笔，其体稠叠，而衣服紧窄。故后辈称之曰："吴带当风，曹衣出水。"《历代名画记》卷三也记载长安兴善寺西南舍利塔内，有他所画的壁画。

张彦远《历代名画记》中还记载了一位画家——展子虔，他的《游春图》目前保存在故宫博物院中。根据《历代名画记》及《宣和画谱》的记载，展子虔更擅长人物画，代表作中有一幅《北齐后主幸晋阳宫图》，这幅画虽然我们已经无法见到，但是后来元朝学者郝经曾观赏过，并且咏诗一首：

跋展子虔画

《北齐后主幸晋阳宫图》

元·郝经

盲人歌杀斛律光，
无愁天子幸晋阳。
步摇高翘翥鸾皇，
锦鞯玉勒罗妃嫱。
马后猎豹金琅珰，
最前海青侧翅望。
龙旗参差不成行，
旄头大纛悬天狼。
胡夷杂服异前王，
况乃更比文宣狂。
眼中不觉邺城荒，
行乐未足游幸忙。
君不见宇文寝苫戈满霜，
黄河不冰便著一苇航。
痴儿正看新点妆，
浪走更号无上皇。
狂童之狂真可伤，
展生貌此示国亡。
图边好着普六茹，
并寄江南陈后主，
门前便有韩擒虎。

对照史籍和考古发现的北齐墓葬资料，特别是太原地区发现的徐显秀、娄睿和河北高洋等墓出土的壁画图像资料，可以大致看到展子虔所绘图卷的面貌以及他所展现的北齐"胡风"（图七—图一〇）。

中国学者马小鹤认为片治肯特

北齐徐显秀墓备车图中胡人

北齐徐显秀墓备车图中侍女

北齐徐显秀墓鞍袱上的联珠纹

图七 北齐徐显秀墓出土的壁画图像资料

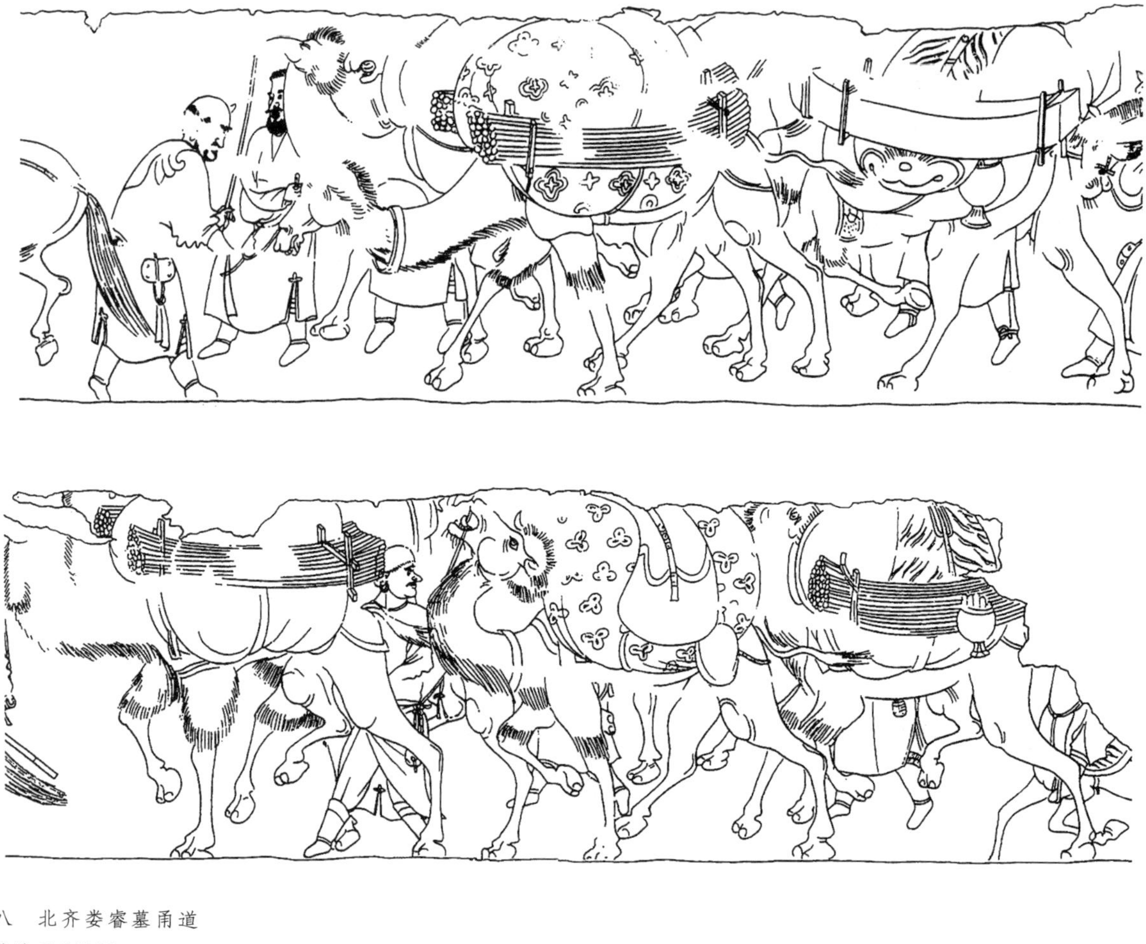

图八　北齐娄睿墓甬道
东壁壁画驼队图

图九　懿德太子墓
胡人牵猎豹图

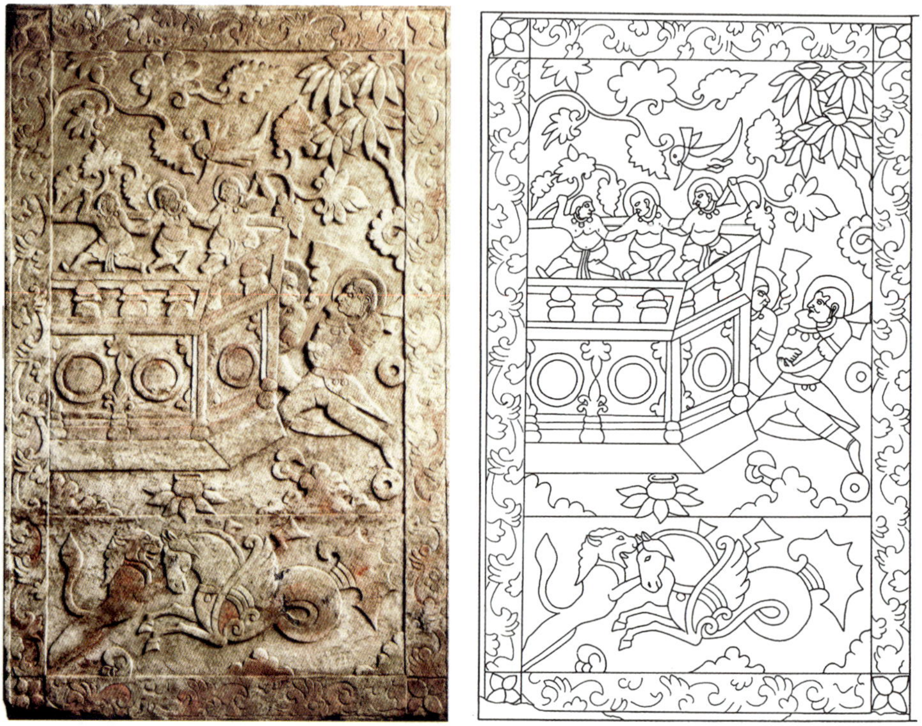

图一〇　虞弘墓石椁上的酿葡萄酒图

古城就是昭武九姓中米国的都城。在古城遗址中很多房址的下部都残留有壁画。在艾尔米塔什博物馆东亚馆红厅和蓝厅中展陈的就是从安国旧都地区和片治肯特古城遗址出土的粟特壁画。在中国出土的安伽、史君、虞弘、康业等墓葬中出土的狩猎图、出行图、宴饮图等粟特文化图像的来源，应该就是中亚地区的昭武九姓国家所在地。

四、祆教的流行

值得一提的是，中国的粟特文化图像资料中保留了一些完整的琐罗亚斯德教的内容，这在中亚地区的发现中是比较少见的。

北朝到唐代，大量粟特人通过丝绸之路涌入中国，并州是主要的聚集地之一。《旧唐书·李暠传》记太原旧俗，有僧徒“及死不殓，但以尸送近郊，以饲鸟兽……侧有饿狗千数，食死人肉”。太原有这种与汉地传统格格不入的葬俗，很容易使人把该葬俗同太原地区的粟特人聚落联系起来。据研究，这正是粟特地区祆教徒的葬俗，保留了“天葬”的特征，这与琐罗亚斯德教认为尸体肉身不洁净、人死后应该尽快使骨肉分离的观念有关。

琐罗亚斯德教的葬俗一般在城边山头用石头围建寂静塔，在教徒去世后，将尸体存放在塔内，让狗和鹰咬食，然后再将死者的骨头收殓于小型瓮棺之中，将瓮棺放置于山下的庙宇中。伊朗雅兹德地区琐罗亚斯德教寂静塔遗址就有可以容纳一百多人的空间。现在，在中亚琐罗亚斯德教流行地区仍然可以发现数量可观的瓮棺。早期的瓮棺上主要装饰几何纹，到7至8世纪，瓮棺上开始流行中间火坛、两侧沙罗沙神。在琐罗亚斯德教义中，祆教徒去世后，他的灵魂要经过钦瓦特桥，如果他是一个坏人，他就会掉入河中被妖怪吃掉，如果他是一个好人，桥对面的神会接引他并将他送往天界，他的灵魂会在第四天经由沙罗沙神到达天界。沙罗沙神一般以人面鸟身为主要形象，头戴口罩，护持火坛。在史君墓、安伽墓也画有同样的题材，史君墓石椁南壁雕出门神守护的图案，南壁左、右下部分别雕刻人首鸟身的沙罗沙神护持火坛的图案，另外三壁以大尺幅雕刻出史君出生、经商、出行、宴饮（夫妇）、去世及升天的图像，其完整性在琐罗亚斯德教图像中是无出其右的。石椁东壁的祆教升天图是最了不起的发现，它将琐罗亚斯德教升天仪式中片段的文献记载连缀成完整的画面。安伽墓墓门上雕刻的由三头代表胜利之神的骆驼承载的火坛，是琐罗亚斯德教中最高级别的火坛，旁边是两位人面鸟身的沙罗沙神戴着口罩，护持供物，最下面的安伽夫妇各守护着一个小的火坛。虞弘墓石椁底座最中间也雕刻出人面鸟身、戴着口罩的沙罗沙神护持火坛的图案。安伽墓墓门、史君墓墓门两边、虞弘墓石椁底座正中央都是葬具上非常重要的位置，在这些地方雕刻或绘画沙罗沙神的用意在于护持墓主人灵魂升天。中亚地区的琐罗亚斯德教信徒在北朝时期来到晋阳、邺城、长安经商、生活甚至做官，在中国没有研究这一文化的传统，要想研究清楚琐罗亚斯德教信徒在华夏大地上留下的文化遗物，必然要回到琐罗亚斯德教的语境与图像中寻找答案。

此外，在佛教资料中也保留了一些祆教的记录，对于研究不同宗教之间的互动关系具有重要价值。隋开皇五年（585）立于定州（今河北定州市）的《七帝寺碑》（又称《惠郁等造像碑》或《惠郁等造像记》）记载：

大隋开皇五年岁次乙巳八月乙酉朔十五日己亥，前定州沙门都、故魏七帝旧寺主惠郁等，以先师僧晕去太和十六年（492）敬造三丈八弥勒金像，至后周建德六年（577）岁次丁酉破灭大象，僧尼还俗。至七年（578）六月，周帝宇文邕因灭三宝。

大隋国帝主杨坚，建元开皇（581）。护持三宝，率遣兴修。前诏后敕，佛法为首。惠郁等，愿欲修理本寺，愿复前像。旧处属他，悲号无及。赖摩诃檀越前定州赞治、并州总管府户曹参军博陵人崔子石，前萨甫下司录商人何永康，二人同赎得七帝寺院，价等布金，贵余祇树，一发檀那，双心俱施，并为俗寺主。

每个粟特聚落都应当有粟特人的信仰中心，即供奉祆神的祆祠。大约编成于唐高宗时期的《沙州图经》卷三记敦煌县四所杂神之一：“祆神右在州东一里，立舍，画祆主，总有廿龛。其院周回一百步。”S.367《沙州伊州地志》晚唐抄本伊州条记，火祆庙中有素书（画）形象无数。而在后来的戏曲、民间习俗、成语用词等方面，或多或少都能看到琐罗亚斯德教的痕迹。

五、结　语

在人们的传统印象中，谈及“丝绸之路”往往认为长安、洛阳是最重要的核心，山西并不在丝绸之路的核心范围内，但是古代山西一直是中西方文明交通重要的节点。与人们主流印象不同，丝绸之路其实并不是一条

“路线”，更应该是一张“路网”。而在这张“路网”中，山西的平城（大同）和晋阳（太原）历来就是非常重要的枢纽，平城是北魏政权的首都所在，也是北魏前期丝绸之路最集中的节点；北朝时期的并州，是向东西、向北的重要交通节点，隋唐时期晋阳更是贵为“北都”，是当时中外交流的重要舞台。中古时期，山西是丝绸之路的重要节点，这时期很多来往于丝路上的粟特商人都在山西地区留下了重要痕迹，为我们研究他们的生活、文化、宗教信仰等提供了珍贵的材料，是中外文化交流的重要物证。

后　记

“晋界”讲坛是山西博物院自2016年以来深耕于“晋魂”基本陈列的一项品牌教育项目。执笔之时，“晋界”讲坛也已经完成了第十六期的实施。“晋界”讲坛“长城内外”和“民族熔炉”系列能够得以顺利出版，得益于多方的鼎力支持和协助。其中，有两任院长对于该项目的高度关注和支持，有讲座老师们核对稿件的不辞辛苦。项目团队中，张慧国担任主编，统筹图书出版。李平、杨菊担任副主编，负责稿件统筹与出版协调。杨菊、岳媛、王佳、游恺负责书稿整理、校对，韩颖、张菁艺协助完成了部分图片整理，在此，我们向所有为本册图书付出心血和努力的同仁致以最诚挚的感谢。

讲坛文集是现场讲座的再次呈现，老师们所作的每一场讲座，都让人如沐春风。本册图书是我院“晋界”讲坛的第二册，我们希望它能延续第一册的精彩，完成讲坛成果转化的接力和传承，让更多人感受到中华文明的博大精深。

自2020年以来，“晋界”讲坛有对佛教艺术、宋金壁画墓等艺术瑰宝的全方位展示，更有对中华文明起源、黄河流域青铜文明、山西戏曲文化、晋商精神等主题的深刻探讨。我们也期待能有更多“晋界”讲坛系列文集与观众见面，让观众在知识的海洋中遨游，传承文化的薪火，让古老的文明在新时代焕发出新的光彩。

山西博物院

2025年6月

图书在版编目（CIP）数据

“晋界”讲坛文集. 2018—2019 / 山西博物院编. 太原 ：三晋出版社，2025.6. -- ISBN 978-7-5457-3302-0

I. G127.25-53

中国国家版本馆 CIP 数据核字第 2025LU8517 号

“晋界”讲坛文集（2018—2019）

编　　者： 山西博物院
责任编辑： 张丹华
封扉设计： 段宇杰
责任印制： 李佳音　王立峰

出 版 者： 山西出版传媒集团·三晋出版社
地　　址： 太原市建设南路 21 号
电　　话： 0351-4956036（总编室）
0351-4922203（印制部）

经 销 者： 新华书店
承 印 者： 山西印美文化科技有限公司

开　　本： 787mm×1092mm　1/16
印　　张： 13.5
字　　数： 192 千字
版　　次： 2025 年 6 月　第 1 版
印　　次： 2025 年 6 月　第 1 次印刷
书　　号： ISBN 978-7-5457-3302-0
定　　价： 98.00 元